関係性に基づく幼児の情動調整

勝野愛子 著

風間書房

ま え が き

人間の根源にある情動について問う

　人間の根源にある情動には，笑い，喜び，嬉しさなどのポジティブな情動や，恐れ，怒り，悲しみ，不安などのネガティブな情動などがあります。私たちは，常にこのような情動と共にありながら，時には，感情を変容させたり，調整させたりしています。そして私たちの生きる社会では，特に，ネガティブな情動に関しては，子どもであろうと，大人であろうと，自分自身で抑制することや調整することが求められています。

　では，そもそも情動とは何でしょうか。

　情動についての理論的見解については，本文に譲るとしまして，私たちの身近な情動について考えてみたいと思います。

　赤ちゃんが泣いていると，両親，あるいは養育者，保育者等が「どうしたのかな。泣かないで」と優しく，泣き止ませようとしたり，ある時には，その泣き声に不安や苛立ちを覚えたりすることもあります。子どもを育てる中で，両親や養育者，保育者等は子どものもつ感情に振り回されてしまうことも日常生活では普通のことです。ただ，特にネガティブな感情に関しては，なくそうとしたり，我慢させよとしたりすることが多いように思えます。子どもが自分の思い通りにいかず，泣き喚いているとその泣きを止めようとなだめ，時には「泣かないの」と叱って泣き止ませようとするのは，泣き止ませようとしている本人（大人）がその情動に不快を感じているからというのも否定できません。情動は，本人自身のものでありながら，他者も巻き込むという性質があり，人間の情動は関係性の中で成り立っているともいえます。

　当然のことですが，乳幼児だけでなく大人にも情動はあります。大人の場

合，情動をこれ見よがしに剥き出しにすることは，暗黙裡にタブーとされており，多くの大人は自分自身で情動を調整しています。もちろん，情動を隠せず，怒りや恐れを露わにすることも多々あり，最近では政治家が部下に怒りを一方的にぶつけたことで，社会的制裁を受けるというニュースが後を絶たないような気がするのですが，情動を本能のままに出してしまうと，日本では社会的に批判されるようにもなってきました。このことについて，善悪をここで述べるつもりはありませんが，情動調整は私たちが生きる上で必要不可欠なことであることは間違いないように思えます。

ところで，筆者が本書における情動調整に関する問題意識を抱いた発端は，筆者の幼稚園教諭時代（数十年前）に遡ります。当時筆者は，幼稚園教諭として勤務しており，年長を担当していたある年の記録には，当時抱いていた悩みや，子どもの様子が克明に書かれています。中でも，年長児を担当していた時の記録は，印象的でした。

この保育記録を読むと，教諭時代に抱いていた保育の振り返りや悩みが，現在の理論的関心を跡付けることで問題意識が明確となりました。これは，その問題意識の発端となった当時の保育記録です。

> 5歳児（年長児）のAちゃんが友達に仲間に入れてもらえず泣いていた。私（筆者）は，「もう，5歳なのだから泣かないで入れてもらえないのはどうしてか聞いてごらん」と，話した。しかし，Aちゃんは，もっと大きな声で，「言えないもん」と泣き始め，どうしたらいいかわからなくなってしまった。その時に，もう少し泣いていることに寄り添って，どうしたらいいか一緒に考えればよかった。（2003年の保育記録より一部抜粋し，要約したもの）

今，記録を読み返すと，なぜこのようなことをAちゃんに言ってしまったのかと，思わず反省してしまいます。「5歳だから泣かない」というのは，つい言ってしまう言葉の一つですが，明らかに大人（保育者）の目線です。

Aちゃんからすると，仲間に入れてもらえなかったことが悲しくて泣いているのであって，「私は5歳だから泣かずに自分でちゃんと聞いてみよう」とは思えないわけです。筆者は，記録の中で，「どうしてか聞いてごらん」と話すことよりも，まず，泣いていることに寄り添えばよかったと振り返ってはいるのですが，最初に，「5歳だから泣かずに聞いてごらん」と関わったことで，Aちゃんはますます泣いてしまい，不安に陥っています。もし，筆者が「Aちゃん，悲しかったね」と話していれば，Aちゃんも，安心できたのかもしれません。

　この時代の筆者の言葉の裏には，3歳児や4歳児の子どもは泣いてもいいけれども，5歳児は泣くことを我慢して何とか自分で問題を解決した方が良いという考えが隠れているような気がします。気がするというのは，今現在の筆者は，発達年齢に応じて子どもを見るのではなく，ここにいる子どもの心を受け止め，子どもが何を思っているのかを感じ取ることで筆者自身の心も子どもに寄り添いたいと考えているため，自分の記録ながら非常に違和感があるからです。正直こんなことを考えていたのかと自分の言動にがっくりしてしまいます。今の自分からすると，昔の自分の保育観にも子どもとの関わりすべてにも疑問が生じます。ですが，この疑問が問題意識となり，もう一度保育の場に立ってこの問題を明らかにしたいという思いが，関与観察を通した研究へとつながっています。

　ところで，幼稚園，保育所，認定こども園などにおいて，年齢に関係なく，子どもは泣き，怒り，恐れなどの情動を表出しており，その情動の裏側には，目に見えない子どもの心（気持ちや思い）があります（鯨岡，2009）。ですが，保育者はつい，平均的な能力発達に比重をおいて子どもを見ることがあり，その年齢に応じて情動の表出や調整を求めてしまいます。筆者自身も，子ども（Aちゃん）の情動の裏側にある見えない心の動きに気づかず接していたことが，記録から読み取れます。さらに筆者は，泣いているAちゃんに対し，自分で何とか問題を解決して泣くことをやめるよう話しており，その当時で

は教育的意図があったのではないかとも思えます。ですが，今読み返すと，この記録から以下の2点の新たな問題意識が導き出されます。
　まず，一つ目の問題意識についてです。

①子ども（特に年長児）が自身の悲しみや怒りなどのネガティブな情動を鎮めることは，個人の中で行うというよりもむしろ，友達や保育者との関係性の中で行われていることなのではないだろうか。

　筆者は，Aちゃんが泣いている際に，「もう，5歳なのだから泣かないで入れてもらえないのはどうしてか聞いてごらん」と，言葉を掛けていますが，この言葉は，Aちゃんに対して，自分で解決すること（泣き止むこと）を求めています。ですが，この関わりでAちゃんは，ますます不安になっており，筆者自身も泣いていることに寄り添えばよかった，さらには，関わり方次第で，Aちゃんの心持ちも変わったのではないかと省察しています。当時，筆者は，5歳（年長）という年齢から，Aちゃんに自律を求めていたことが伺えます。ですが，今となると，目の前で泣いているAちゃんの思いに添った関わりをするべきであったと述懐しています。
　したがって，ネガティブな情動を鎮める（調整する）ことは，友達や保育者との中で，子ども自身がどのように調整しているのかを関係性の視点に立って明らかにする必要があるのでは，というのが一つ目の問題意識です。
　次に，2つ目の問題意識について考えてみます。

②子どもの情動の裏側にある見えない心の動きというものはどういうものなのだろうか。その心の動きを読み取ることは可能なのだろうか。

　記録を読むと，筆者は現役時代，子どもの泣いているという見えることだけを見ていたように思えます。一方で，その泣いている子どもの見えない心

には，様々な心の動きがあり，その心の動きに対して子ども自身が必死に向き合っていたことが伺えます。それにもかかわらず，筆者がその見えない心を見ようとしなかったことも伺えます。

　ですが，保育の中で保育者は，子どもの複雑な心の動きに意識的であれ，無意識的であれ向き合おう，支えようとしていることが考えられます。そのため，子どもの目に見える情動の裏側にある見えない心の動きにも目を向けていく必要があります。

　この2つの問題意識から，筆者は"情動調整（emotion regulation）"という概念に目を向けるようになりました。子どもは，園生活において様々な情動を表出し，時にはその情動を調整させられるということもあります。もちろん，子ども自身が自律的に調整することもあります。ですが，Aちゃんに関していえば，保育者の支えが必要なこともあるのです。この支えというものが，いわば関係性というものであると筆者は考えています。

　本書は，子どもの情動の裏側にある見えない心の動きを捉えながら子どもがどのように友達や保育者との関係性において情動調整しているのかを明らかにしようとするものです。

　なお，本書は2021年3月に名古屋市立大学大学院人間文化研究科博士課程より学位を授与された論文「接面の視点に基づく年長児の情動調整に関する研究」を基に，若干の加筆修正を加えたものです。また，博士論文及び本書の研究結果の一部は，次の論文として発表されています。

・勝野愛子（2019）「"接面"の視点に基づく園生活での友達関係における5歳児の情動調整」保育学研究57（2），18-29，

・勝野愛子（2021）「年長児の情動調整に対する保育者の捉え」保育学研究　59（1），69-80，2021

・勝野愛子（2025）「双通する情動を基盤とした年長児と保育者の関係性に関する研究」同朋大学論叢

目　次

まえがき

序章　研究の背景と目的 …………………………………… 1
第1節　研究の背景 …………………………………………… 1
第1項　個体能力による情動調整 ……………………………… 3
第2項　関係性による情動調整 ………………………………… 7
第3項　関係発達論に着目した自己調整 ……………………… 11
第2節　子どもの情動調整を捉える上で問うべき課題 ……… 13
第3節　本書が目指すこと ……………………………………… 14
第4節　本書の学術的意義 ……………………………………… 15
第5節　本書の全体構想 ………………………………………… 16

第1章　情動調整に関する先行研究 ……………………… 19
第1節　情動の制御から調整に至るまでの変遷 ……………… 19
第2節　乳幼児期の発達に関する情動調整の先行研究 ……… 22
第1項　乳幼児の情動調整の発達 ……………………………… 22
第2項　親子（養育者）の関係性に着目した研究 …………… 25

第2章　情動調整とは ……………………………………… 29
第1節　情動調整とは何か ……………………………………… 29
第1項　情動の定義 ……………………………………………… 29
第2項　情動調律と情動調整の定義 …………………………… 30
第3項　なぜ，ネガティブ情動に着目するのか ……………… 33

第2節　本書の依拠する枠組み ……………………………………………… 36
　　第1項　Grossが見出した情動調整方略 ………………………………… 36
　　第2項　人と人とのあいだの「接面」にある情動や心の動きを描く …… 36
　第3節　筆者自身が身を置く接面 …………………………………………… 38
　第4節　間主観的に捉えるとは ……………………………………………… 39

第3章　方法―関与観察とエピソード記述・「語り合い」法 ……………… 41
　第1節　関与観察を通して子どものとの接面を捉えるために …………… 41
　第2節　関与観察から得た出来事をエピソード記述で描く ……………… 42
　第3節　その人らしさを捉えるための「語り合い」法 …………………… 43
　第4節　本書における研究協力園と研究協力者の概要 …………………… 43
　　第1項　研究協力園と研究協力者 ………………………………………… 43
　　第2項　なぜ年長児に着目するのか ……………………………………… 44
　　第3項　協力園が認定こども園と幼稚園であることの理由 …………… 46
　第5節　本書における倫理上の配慮 ………………………………………… 47

第4章　友達同士の接面から見た関係性における
　　　　年長児の情動調整 ………………………………………………………… 49
　第1節　接面の視点に基づいた子ども同士の相互的な
　　　　　情動調整を描くために …………………………………………… 49
　第2節　研究方法 ……………………………………………………………… 50
　　第1項　情動を調整する子どもたち―研究協力者 …………………… 50
　　第2項　エピソードの抽出手順と方法 …………………………………… 51
　第3節　友達との関係性における年長児の情動調整 …………………… 52
　　第1項　ハルトとタクヤの情動調整 ……………………………………… 52
　第4節　接面の視点に基づく友達との関係性における
　　　　　年長児の情動調整 ……………………………………………………… 55

第1項　同調的な情動調整 ………………………………………… 55
　　　第2項　関係歴史的な情動調整 …………………………………… 58
　第5節　第4章のまとめ ……………………………………………… 62

第5章　批判的な関わりにもかかわらずセイヤは
　　　　なぜ情動を調整できたのか ……………………………………… 65
　第1節　批判的な関わりにもかかわらず
　　　　「情動を調整できたのはなぜか」を明らかにする ……………… 65
　第2節　研究方法 …………………………………………………… 67
　　　第1項　ネガティブな情動を表出するセイヤ―研究協力者 …… 67
　　　第2項　エピソードの抽出手順と方法 …………………………… 67
　第3節　ケンタからの「突き放す」行動に対するセイヤの情動調整 … 69
　　　第1項　セイヤとケンタの関係性 ………………………………… 69
　　　第2項　ケンタの「突き放す」行動に対する考察―解釈とゆらぎと捉え直し … 71
　第4節　ナオカの「突き放す」行動に対するセイヤの情動調整 ……… 76
　　　第1項　セイヤとナオカの関係性 ………………………………… 76
　　　第2項　ナオカからの「突き放す」行動に対する考察
　　　　　　　―解釈とゆらぎと捉え直し ……………………………… 77
　第5節　第5章のまとめ ……………………………………………… 81

第6章　キクノ先生が捉える年長児の情動調整 ……………………… 85
　第1節　保育者は子どもの情動調整をどのように捉えているのか …… 85
　第2節　研究方法 …………………………………………………… 88
　　　第1項　研究協力者―キクノ先生 ………………………………… 88
　　　第2項　キクノ先生へのインタビュー …………………………… 88
　　　第3項　「語り合い」法とは ……………………………………… 89
　　　第4項　その人らしさを描く ……………………………………… 90

第3節　キクノ先生の情動調整の捉えと年長児との関係性の構築 ……… 90
　　第1項　これまでのスミレ組の子どもの様子 ………………………… 91
　　第2項　キクノ先生の「心根を変える」という捉え …………………… 91
　　第3項　言い合える関係性 ……………………………………………… 93
　　第4項　子どもになって仲間に入る …………………………………… 94
　　第5項　言い合える関係性を構築するための明るい雰囲気づくり … 95
　　第6項　言い合える関係性に基づく子どもの情動調整の育ち ……… 96
　第4節　第6章のまとめ ……………………………………………………… 101

第7章　双通する情動を基盤とした年長児と保育者の関わり ……… 105
　第1節　保育者は年長児の情動調整にどのように関わっているのか … 105
　第2節　研究方法 …………………………………………………………… 108
　　第1項　研究協力者―モモカとリツコ先生 …………………………… 108
　　第2項　エピソードの抽出手順と方法 ………………………………… 109
　第3節　事例検討 …………………………………………………………… 109
　第4節　第7章のまとめ ……………………………………………………… 122
　　第1項　モモカとリツコ先生のあいだの接面で双通する情動 ……… 122
　　第2項　接面で生じる双方の思いのズレに対する保育者の調整 …… 123

終章　総合考察
　　　子どもの関係性における情動調整の新たな理解 ………………… 127
　第1節　接面の視点に基づいた関係性における幼児の情動調整 ……… 127
　第2節　関係性における年長児の情動調整研究への示唆 ……………… 131
　　第1項　関係性の中で育つ年長児の情動調整 ………………………… 131
　　第2項　双通する情動を捉えること …………………………………… 134
　　第3項　保育者に対する関係構築的な情動調整に対する提言 ……… 135
　　第4項　関係を基盤とした「関係から始まる」情動調整 …………… 137

第3節　本書の意義 ………………………………………………… 138
　　第4節　本書の限界と今後の課題 ………………………………… 139

引用文献 ……………………………………………………………………… 141
付記 …………………………………………………………………………… 149
謝辞 …………………………………………………………………………… 151
あとがき ……………………………………………………………………… 155

序章　本書の背景と目的

第1節　研究の背景

　近年，保育・教育現場において，子ども・児童の情動に関する研究が求められており，その背景として，暴力的な攻撃行動や虐待などの養育問題など，様々な場面における対人関係の問題が所在していることが指摘されている（文部科学省，2014）。これらは，他者との関係性における適切な行動形成の在り方に関わると思われる現象として捉えられ，快・不快を軸とする情動を適切に統制して他者と関わると同時に，自己を取り巻く他者の内的な情動状態の適切な理解という双方向的な関係性の形成が必要となるとされている（文部科学省，2014）。また，保育実践の指針となる幼稚園教育要領，保育所保育指針などでも，子どもが自分の気持ちを調整し，友達と折り合い（文部科学省，厚生労働省，2017）をつけていくことの重要性が言及されており，子どもが自らの情動や行動を調整する力を育てることは，保育においても配慮すべき重要な側面の一つ（森田，2004）とされている。このように，子どもの情動発達に対する関心が高まってきており，情動発達のプロセスやメカニズムを解明し，保育・教育現場におけるアセスメントや支援へつなげていくことが求められている（山本，2019）。

　情動は，不快あるいは生命維持に関わる不利益を解消するために，他者からの注意を喚起したり危険を回避したりすることや，人と人との間の豊かなコミュニケーションを作り出すためなどの重要な役割を果たしていると言われている（佐藤，2007）。遠藤（2013）によると，情動は，人がある重要な出来事に遭遇した際に，主観的な心の動き，生理，表出，行為傾向といった

様々な側面が，不可分に絡み合いながら発動され，内側で感じているだけでなく，外に向けて強く押し出され，結果的に何らかの動作や行為に至る一連のプロセスであり，喜び，悲しみ，怒り，恐れ，嫌悪，驚きなど（遠藤，2013）がそれにあたる。また，情動は本質的に関係的なもの（relational）であるとされ，他者や環境との関係を確立したり，維持したり，崩壊させる機能を持つものである（Campos et al., 1989）。また，無藤（2019）は，情動の役割について Cole（2016）の説明を中心に「情動は本来的に関係性の中に成り立ち，主体と環境の進行する関係としての過程」であること，さらに「個人内の心理的対象ではなく，個人が環境と関わり，幸せを達成し維持するのに役立つものなのである」とまとめている。

　子どもの場合，このような特徴をもった情動を，同年代の子どもとの社会的な関係の中で，より多様な状況で複雑な事象に対して自身の情動を調整する（田中，2013）ことが求められており，実際，多くの子どもは家庭内や幼稚園，保育所，認定こども園などにおいて大人（保護者，保育者など）に情動を調整されつつも，次第に自律的に調整するようになっていく（Thompson et al., 2007）。

　この情動調整をするという emotion regulation は，我々が精神的に安定し，成熟した人間関係を維持するための重要な心の働きであり，「情動制御」あるいは「情動調整」と訳されている（金丸，2014）。「制御」には，大人の一方的な強き働きかけ（鯨岡ら，2004）という意味がある一方，「調整」には本人が自分自身で情動を適合させていこうとする（金丸，2014）という意味合いがある。したがって本書では，「子どもが友達や保育者との関係性においてどのように自身で情動を調整していくか」に着目するため「情動調整」を採用する。

　このような悲しみや，恐れ，不安などのネガティブ情動，あるいは喜びなどのポジティブ情動は私たちの社会生活において，思考や行動を動機づけ，方向づける重要な役割を果たすものであり（Lazarus et al., 1991・坂上，1999・

森田，2004），情動を適切な喚起水準に調整することは，個人の適応に大きく関わっている（Thompson, 1990）。また，情動調整は，対人関係の構築や維持に関連するなど，社会的適応に大きな影響を及ぼすものであることが示唆され，重要視されてきた（森野，2012）。

　子どもの情動調整に関するこれまでの研究では，個体能力（浜田，1993・2009；本郷，2001）を対象にした発達プロセスや方略に関するものが多く，主に，実験研究や質問紙調査などで明らかにされてきた。一方で，子どもの情動調整は養育者（親，保育者など）との関係の中で発達することも示唆されており，子どもの情動調整を関係性の中でみていくことが重要であると考えられている。

　そこで以下では，子どもの情動調整発達を個体能力と関係性に着目した研究をそれぞれ概観する。さらに，関係発達論に着目した自己調整の発達に関する研究にも触れていく。

第1項　個体能力による情動調整

　まず，個体能力に着目した情動調整研究についてみていく。浜田（1993・2009）によると，個体能力は，発達を個体の能力・特性を単位に考え，人々の現象を個体の能力・特性に還元して説明しようとするパラダイムとし，個体能力論（浜田，1993・2009）としている。また本郷（2001）は，個体能力とは個人の認知，言語・コミュニケーションの発達水準，情動理解や表出の特性などを示すものとしている。したがって本書では，個体能力を認知，言語・コミュニケーションの発達水準，情動理解や表出の特性などの個々の能力・特性と捉えていく。

　坂上（1999）は，歩行開始期（18カ月齢から24カ月齢の二時点）の子どもを観察し，実験研究によって情動制御の発達的変化を検討した。その結果，情動的苦痛の除去を図るという，自律的な対処をするようになることを示唆している。その一方で，2歳児は，実験的観察による情動調整場面において，

自分の力を発揮しながらも養育者の支えを必要とする姿も報告されており（金丸ら，2004），この時期は，自身による内在的情動調整と他者による外在的情動調整が混在する状態にあることが伺える（Sroufe, 1996・森野, 2012）。これが，3歳を過ぎると自己制御能力が確立され（Sroufe, 1996・Kopp, 1989），自己の行動を制御したり欲求を遅延したりすることが可能になる（金丸ら，2006）。さらに，認知的発達（言葉，象徴能力，自己意識など）とともに柔軟に情動をよりコントロールできるようになる（Kopp, 1982）。幼児期後期から児童期初期にかけては，情動調整の必要性を理解した上での意識的な情動調整が増え，それまでによく見られる自動化された情動調整からの質的変容が起こるようになり（森野，2012），むやみに情動を高めることなく状況や関係性に応じたような方略を用いるようになることが（倉持，1992）示唆されている。

　情動調整の類似概念として，"自己制御機能"，"自己抑制"，"自己コントロール"，"情動制御"，"自己調整" の機能がある。その中の自己調整機能とは，欲求や感情を調整し，状況に応じた適切な行動をするための機能である（鈴木，2005）。自己調整機能の発達は，子どもの社会化の重要な側面とされており（永野ら，2016），子どもは園生活において友達との相互作用や集団生活において自己の欲求や衝動を調整しなければならない状況に数多く出会い，自己調整を失敗させたり成功させたりしながら自己調整機能を発達させていく（鈴木，2006）という。

　柏木（1988）は，幼児期の自己調整機能を自己抑制的側面と自己主張的側面という2つの側面から捉え，「集団場面で自分の欲求や行動を抑制，制御しなければならないとき，それを抑制する」という自己抑制的側面だけでなく，「自分の欲求や意思を明確に持ち，これを他人や集団の前で表現し主張する」という自己主張的側面もまた重要な側面であるとしている。

　この自己調整機能については，これまでに精神分析，行動主義，社会的学習理論，情報処理理論など多くの理論的観点から検討されてきた（Bronson, 2000；塚田，2009；長濱・髙井，2011など）。Kopp（1989）は，抑制的コントロ

ール，実行的注意，情動調整の3つの自己調整機能に関する近年までの研究結果をまとめている。それは，これらの機能は，生後10か月より萌芽が見られ始め，その後認知・言語・自己意識の成長に伴って発達し，4歳ごろまでに効果的に機能するようになることが示されている。

　自己調整に関わる先行研究を概観すると，主に質問紙調査や実験研究が見られる。

　質問紙調査では，例えば，柏木（1988）は，幼稚園教師に質問紙調査を行い，3～6歳の子どもが各年齢で自己抑制行動と自己主張行動がどのくらい表れるのかを検討し，その結果，自己抑制に関しては3～6歳のあいだに一貫してなだらかな増加がみられたが，自己主張に関しては3～4歳までに増加がみられるものの4歳半ごろから増加がみられなくなっている。鈴木（2005）は，この柏木の研究に対し，日常場面で自己抑制と自己主張が現れる文脈は様々であり，対象についての欲求の強さや，抑制または主張する相手が誰であるかといった様々な要因が絡んでくるため，これらの要因を統制した上で，自己抑制と自己主張の現れやすさを検討するための実験的研究が必要であると主張し，次の研究を行っている。

　鈴木（2005）は，4～6歳児を対象として，自己調整機能の自己抑制状況と自己主張状況を設定し，それらにおける子どもの反応を実験課題と仮想課題から検討することで，自己調整機能のメカニズムが幼児期を通じてどのように発達するかを検討している。その結果，仮想課題では年齢ともに一致した行動をとる子どもが増加したが，実験課題では自己抑制，自己主張ともに年齢差が見られないことを明らかにしている。この研究結果は，柏木（1988）の自己主張は5歳児以降停滞するとした結果とは異なっており，長濱ら（2011）は，このような結果の違いについては，研究方法や自己主張の捉え方の違いが影響しているのではなかと示唆している。

　上記以外にも，自己調整機能についての実験研究は多く存在し（Vaughn et al., 1986；山本，1995；子安ら，2002など），自己の欲求や衝動を抑えるという

自己抑制的側面を中心に行われている（鈴木，2006）。例えば，長濱ら（2011）は，幼稚園におけるおもちゃの取り合いに特化した紙芝居による場面見本法を用いて，自己調整機能の発達を検討した。その結果，5歳児において自他の調整を促す回答が増加しており，この時期において自己調整機能の発達的変化が生まれていることを示唆している。

一方で，質問紙調査による研究では，自己調整機能の自己主張的側面に関して子ども自身の気質や母親のしつけ方略などが与える要因とどのように関連しているかを検討し，その結果，子どもの自己制御，自己調整に影響を与えていることを明らかにしている（水野ら，1998）。

上記の研究は，いずれも個体能力の観点から行われているものであり，それらは，情動調整，自己調整を子どもの個々の能力に注目し（及川，2016），個体内で完結する現象として（塚田，2009）捉えるものである。

したがってこれらの研究は，実験的研究や実証的研究において客観的に発達過程や方略などを捉えたものであり，子どもの個々の能力に着目したものであり，子どもと他者との関わりに着目しているわけではない。

さらに塚田（2009）は，実験研究によって子どもに自己調整が生じているかどうかを見出すことに疑問を持ち，他者とのあいだの思いと思いの交流をみることの必要性を指摘している。例えば，子どもが大人にマシュマロやキャンディをもらう実験（Mischel et al., 1972）やピエロ人形と遊ぶ実験（Ruff et al., 1996）研究において塚田（2009）は，そこに他者（ここでは実験者）と子どもの交流を見ずに，子どもが一人取り残されて待つという行為だけを取り上げて自己調整できているかどうかを見ることで，子どもが自己調整をしていることを判断できるのかと，問題を投げかけている。

子どもの情動調整についても，子どもは家庭や幼稚園，保育所，認定こども園などという社会的文脈の中で，人と人との関係性において情動調整をしていることは明らかであり，実験研究や質問紙調査の研究では，他者とのあいだでなされる情動調整を明らかにすることは困難である。そこで，子ども

の人と人との関係性に着目し，幼稚園，保育所，認定こども園などでの情動調整に関する研究を概観していく。

第2項　関係性による情動調整

　これまで概観した個体能力に対比する概念として，関係発達論（鯨岡，1997，1998，2006，2016など）がある。関係発達論は，個体能力の発達に関心を限局した発達研究の在り方に対する問題意識から生まれているものである（竹ら，2020）。従来の発達観は，子どもという未完成な状態から大人という完成した状態へ，一方向に能力を獲得していくという個体能力主義的な見方が主流であった（鯨岡，2016）。このような発達観に対し，関係発達論は，発達を「育てる―育てられる」という相互的なやり取りの中で両者ともが一生涯に亘り変容していく過程（鯨岡，2016）として捉えようとする発達観である。

　鯨岡は，この「育てる―育てられる」関係性は，「子ども―養育者」との関係性だけでなく，保育の場における子どもと保育者の関係，あるいは子ども同士の関係にもいえる（鯨岡，2006）と述べている。本書では，情動調整の様相を「子ども―子ども」との関係性において捉えていくが，子ども同士が関わり合うときにはその思いと思いが絡み合う関係があり（鯨岡，2006），本書では「子ども―子ども」との関係性において描き出される情動調整を捉えていく。また，「子ども―子ども―保育者」，つまり，子ども同士の情動調整に保育者がどのように関わっているのかも検討する。したがって，子ども同士や，保育者との関係性の中でなされる情動調整の先行研究を概観しておきたい。

　このような子ども同士の関係性において幼稚園，保育所，認定こども園などの子どもも，友達（仲間）や保育者との関わりにおいて，子ども自身が情動を調整しなければならないことも多々あり，これまでの研究では，子どもの情動調整は養育者である大人（保護者や保育者）からの支えや働きかけによって変化，発達していくとされてきた（例えば，Sroufe, 1996・田中，2013, 2015

など)。
　確かに，多くの乳幼児は養育者との関係の中だけで生活しているのではなく，それぞれ，保育所や幼稚園などで生活するようになる。とくに，幼稚園に入園し集団生活を経験し始め，また保育所においても集団的な活動がより可能となる3歳から6歳にかけては，情動調整の目覚ましい発達が見られる時期である（内田，1991）。上述したように，子どもは人と人との関係性の中で情動を調整するようになる。つまり，園生活において子どもが保育者と関わり他児と関わる中でとるあらゆる行動から，子どもの不安や悲しみ，不満，憤り，喜びや楽しさ，甘えなどの情動の変化が読み取れる時，子どもによる情動調整が起きている（田中，2013）といえる。
　では，他者との関係の中での情動調整に着目した際，子どもはどのように情動を調整するようになっていくのだろうか。
　田中（2013）は，子どもが幼稚園生活の中で遭遇する「つまずき」場面における情動的な場面で教師がどのように関わっているのかに注目し，幼児期の子どもの情動調整の発達を促す大人の行動を保育観察によって探索的に明らかにした。その結果，子どもの「つまずき」場面における教師の関わりの中には子どもを肯定したり情動を立て直すまでの全プロセスに関わったりするような関わり以外に子どもを突き放す行動があることを指摘し，この行動には子どもに"混乱の落ち着き""悲しみ・悔しさの助長""情動の出し方の転換"という変化をもたらしていたことを明らかにしている。これらの結果から教師の「突き放す行動」の機能として，子どもの喚起された情動を瞬間的に弱め，子ども自身がその問題に向き合い自律的に情動を調整するきっかけを作る働きがあることが示唆された。
　さらに田中（2015）は，幼稚園3，4歳児学年の子どもの「つまずき」場面において，教師が子どもの感情の発達的変化に配慮した「敢えて関わらない」行動を取るようになることを明らかにしている。この「敢えて関わらない」行動には，「子どもの感情に配慮する」「子どもの主体的な行動を引き出

す」「子ども同士の関係を繋げる」働きがあることを見出し，これらの働きの背景に子どもの自律的な情動調整を促す教師の行動のしくみがあるとしている。このように田中は，教師は子どものネガティブな情動状態に対して「突き放す行動」と「敢えて関わらない」行動を取ることにより，子どもの情動調整を支援していることを示している。ただ，誤解を恐れずいえば，この「突き放す行動」と「敢えて関わらない」行動という子どもへの関わりは，昨今問題となっている「不適切保育」と捉えられる恐れもある。しかし，保育者が子どもの気持ちを汲み取りながら見守り続けているという関わりであり，放置しているというわけではない。

　情動調整を直接扱った研究は少ないが，子どもがネガティブな情動や感情を経験する場面として，いざこざ（高濱ら，1999・濱名ら，2017・小川ら，2011など），トラブル（友定ら，2007），けんか（久保，2005）などが挙げられることが多い。いざこざ事態では，怒りや喜びのような感情が表出され，その感情をコントロールすることが求められる（高濱ら，1999）。しかし一方で，ネガティブな感情が伴う場でこそ，社会性の発達が展開し，このような場では，ネガティブな感情も含めた仲間とのやり取りを通して，問題のある相互交渉に自分で対処するようになる（久保，2005）。

　トラブルなどにおいて生じる子どものネガティブな情動や感情の調整に着目して，これまでの研究を概観すると，トラブルで生じたネガティブな感情を立て直すまで保育者がどのように援助しているのか（友定ら，2007；松原ら，2019），や保育者の介入によって子どもはどのように情動や感情を立て直しているのか（水津ら，2015）などが検討されてきた。

　例えば，友定ら（2007）は，保育者による「子ども同士のトラブル」の保育記録を通して，3歳児から5歳児のトラブル場面を分析し，トラブルの内容と保育者の関わりについて考察している。それぞれの年齢により，トラブルの内容も保育者の関わりも変容し，子どもがネガティブな感情を切り替え，気持ちを立て直していることが示されている。また，水津ら（2015）は，保

育者の気持ちを和ませる介入行動（ユーモア，一緒に遊ぶ，スキンシップなど）には，いざこざによって生じる4歳児の興奮や緊張状態を緩和し，自分の行動を振り返る場をつくり出す機能と，ネガティブな気分を切り替え，状況を転換させる機能の2つがあることを明らかにしている。これらの研究は，保育者が積極的に子どもに関わることで，子どもが保育者に支えられながら感情や情動を調整し，ネガティブな気持ちを立て直している。

　一方で，小川ら（2011）は，子ども自身がいざこざで生じた情動（泣きや不安など）を立て直すために，5歳児の子ども自身が第三者（担任，友達，観察者）を利用し調整する事例を提示している。また，トラブルやいざこざで生じたネガティブな感情や情動を，自分で調整していることも見受けられる（利根川，2013・濱名ら，2017）。例えば，利根川は4歳女児が友達と対立する中で，友達の気持ちを理解しようとし，友達に支えられつつ自己調整能力を発達させていくことを示している。

　以上のように，子どもの感情の立て直しや調整も含めて，子どもの情動調整に関する先行研究を概観すると，3歳児から5歳児までの子どもがネガティブな情動が生じた際，保育者がどのように援助しているのか，や保育者の介入による情動調整については多く研究されている。また，子ども自身が友達との関係の中でどのように情動調整してきたのかについては，3，4歳児が多く（田中，2013・利根川，2013・濱名ら，2017），5歳児については取り扱われていない。

　高濱ら（1999）は，いざこざが3歳児をピークにその後減少し，5歳児になると最小になるという先行研究（Green, 1933・Hay, 1984）を引用しているが，高濱らの3年間にわたる縦断的な研究によって，3歳児よりも4歳児の方が，いざこざが最も多いことを報告している。さらに，2人の男児が幼稚園3年間を通して，「けんかをしない関係ではなく，けんかを終えられる関係になった」ことを示し，いざこざで喚起されたネガティブな感情を，自ら解消できるようになることを報告している。このことから，5歳児になると，ネガ

ティブな情動が生じなくなるのでも,自律的に情動を調整するようになるというわけではなく,発達や経験と共に,保育者や友達に支えられながら(友定,2007)3,4歳児とは違った5歳児だからこそ見られる情動調整をしていることが推測されるため,5歳児が友達との関係においてどのように情動を調整しているのかを捉えることは意義があると考えられる。

第3項　関係発達論に着目した自己調整

次に,関係発達論に着目した子どもの自己調整に関する研究(塚田,2009)を取り上げる。この研究は,乳幼児期の親子関係における自己調整の発達を,観察者(塚田,2009)が,親子の関与観察を通して検討したものである。塚田は,親が子どもの思いを感じ取っているように塚田自身も子どもの思いに寄り添ってそれを感じ取るという観察の方法論で研究を進めている。本書で,塚田の研究を概観する理由として,塚田が,鯨岡(2005)の提唱している「関与観察とエピソード記述」という方法論に依拠していること,また,子どもと親子間の自己調整に着目した研究であることにある。すなわち,本書も同方法論に依拠しており,また,類似概念である情動調整に関する研究を進めているため,塚田の研究を概観する。

自己調整の「子ども—養育者」の関係発達に着目した塚田(2009)は,自己調整を個体論的観点から取り上げている研究を批判し,子どもの自己調整を親の思いの調整のありようとの関係において捉えている。塚田は,3組の親子の関与観察を行い,1～2歳の子どもの自己調整は,親と子のあいだで思いにズレが生じた場合,親は自分の思いとは異なる子どもの思いを汲み取りながらも子どもの思いを調整しようとし,それと同時に,親自身の思いの伝え方が子どもの様子や気持ちの動きによって調整されるという様相を示したことを明らかにしている。この研究では子どもの側からみると,自分の思いを押し出したときに親がそれを受け止めながら調整してくれる経験を通して,自分の思いとは異なる親の思いを受け止められるようになり,結果的に,

自分の思いを母親にゆずるというかたちの調整に向かうようになっていったことを示唆している。

　この研究において塚田は，「母親―子ども―観察者」という3人の関係を築き，3人のあいだに，相手の思いを受け止め，そして思いを返すという関わりが展開していたことを報告している。

　ところで，塚田は自己調整を「親子の関わり合いの中で，〈情動状態を調整する―される〉関係，および，〈相手の思いを受け止める―受け止められる〉関係を子どもが取り込んで，自分の情動状態を調整し，結果として親の意向に沿えるようになること」と定義づけ，子どもと養育者のあいだの自己調整を描き出している。本書においても，関係性に着目して子どもの情動調整を明らかにしようとしているため，塚田の研究は，本書に次のことを示唆する。

　観察者（塚田）は，その親子の関わりの場に自身も身を置き，それぞれの思いや気持ちの動きは，観察者である筆者に間身体的，間主観的に通底してきて，親子のそれぞれの自己調整を感じ取っている。そこには，その場だけの自己調整ではなく，「親子関係の歴史性」に規定された自己調整がある。つまり，自己調整は，その場だけの関係だけでなく，これまでの親と子のあいだのありようにも着目し，その歴史が自己調整の発達ルートそのものであるということだといえる。

　さらには，このような方法論（関与観察とエピソード記述）は，1歳～2歳の自己調整を考えていくためには，欠かせない方法論だという。つまり，1歳～2歳の子どもは，言葉で自分を語ることができないため，子どもの思いを研究者＝観察者がわかろうとするためには，研究者が子どもに寄り添い，子どもの思いを感じる，子どもの思いを受け止めるという観察態度が必要になる。したがって，研究者自身が感受した子どもと親の思いを表現するためには，エピソード記述しかなかったのだと塚田は述べている。本書での対象児の年齢は，5歳児（年長児）であるが，年長児であっても，自分の思いを

十分に語れないこともあり，塚田の研究方法は，年長児の情動調整を捉えるうえで，同じように必要不可欠であると考えている。

以上のことを踏まえて，年長児の情動調整を明らかにするうえで，次節の課題が挙げられる。

第2節　子どもの情動調整を捉える上で問うべき課題

第1に，これまでの情動調整に関する研究は，発達過程や葛藤解決方略の発達的変化の検討（森田，2004）や，保育者が子どものネガティブな情動調整をどのように支援してきたか（田中，2013, 2015）に着目されており，子どもが友達との関係において，どのように情動調整しているのかについての研究は扱われてこなかった（森田，2004・森野，2012）。しかし，幼稚園，保育所，認定こども園などという文脈で，子どもは友達との関係の中で情動調整をしていることはこれまでの研究からも推測できる。そこで，子どもが友達との関係の中でどのように情動調整しているのかを着目する必要がある。

第2に，前述したように子どもの友達関係において情動調整を直接的に扱った研究はなかったが，トラブルなどの文脈において，子どもがネガティブな情動を感じ，それを保育者や友達に助けられながら情動調整をしていることは明らかにされている。特に，年長児の情動調整については，研究は少なく，その理由として年長児は，発達的に情動を自身で調整できる，調整して当たり前と捉えられていることが考えられる。

鈴木（2006）は，子どもの自己抑制の研究において，年長児では，情動を自己抑制できるのが当たり前になることで，自己抑制のエピソードが減り，自己抑制の行動が明確化されなくなると述べている。鈴木はこのことから，他者との関係に応じて自己主張を控えたり表現を変えたりする年長児の姿として解釈もできるのではないかと示唆しており，鈴木のこの研究に対して山本（2019）も，年長児の生起する情動を捉えることの難しさを指摘しながら

「抑制することができるようになった」と安易には言い切れないと述べている。情動調整においても同様のことがいえるのではないだろうか。年長になると，自己抑制と同様に情動調整も明確化されにくくなるが，年長児が情動調整していないわけではなく，年長児の内面では，人との関係性において葛藤や，ゆらぎを感じていたとしても確認しにくく，調整も認識されにくくなっているため，研究として扱われてこなかった（森田，2004・森野2012）ことが推測される。また，冒頭で述べたように，その情動の裏側にある目に見えない子どもの心（気持ちや思い）（鯨岡ら，2009）に目を向けることも必要だろう。

　本書は，このような見えにくい情動調整を捉えて年長児がどのように情動を調整しているかを明らかにすることを試みるものである。そこで，見えにくい年長児の情動調整を捉えていくために，鯨岡（2016）の接面に依拠する。鯨岡は，子どもの内面は目には見えないが接面で起こっていることを見ることを関与観察者（実践者）が，当事者として接面で感受した感じや，その時に考えていたことを中心にエピソードのかたちで描くことで，子どもの心の動きを掴むことができると述べており，年長児の接面を捉えることは，友達関係に生じる情動調整を描き出すことができると考える。

第3節　本書が目指すこと

　以上の課題を踏まえ，本書では子どもの情動調整を，実験的研究や実証的研究において客観的に発達過程や方略などを捉えるのではなく，幼稚園，保育所，認定こども園などという文脈で，年長児が友達や保育者との関係においてどのように情動を調整しているのかを捉え明らかにすることを目指していく。

　先述したように，子どもはトラブルやつまずき場面などでネガティブな情動を調整している。本書では，園の年長児の生活（遊び，クラス活動，行事な

ど）に筆者が関与しながら観察をし，年長児の接面を感受し，見えにくい情動調整を捉えエピソードに描くことで，情動調整の心の動きを掴む（鯨岡，2016）ことを試みる。

そのために，接面の視点に基づき友達や保育者との関係性においてなされる情動調整の様相を捉えていく。本書では，子どもが友達とのあいだでどのように情動調整をしているかを筆者が当事者として関与観察を行い接面に入り込み，その接面の当事者として子どもの情動調整を描き出していく（鯨岡，2013）。

具体的には，次の4つの研究を設定している。
①友達関係においてどのように年長児が情動調整をしているのか。
②友達からの批判的な関わりにもかかわらず，年長児がなぜ情動調整をしたのか。
③保育者が年長児の情動調整をどのように捉え，関わっているのか。また，その保育者の関わりを通して年長児の情動調整はどう育っていったのか。
④③を踏まえて，年長児が表出するネガティブな情動の調整に保育者はどのように関わっているのか。
この4つの研究を通して，年長児の情動調整の様相を捉えていくことが本書の目指すところである。
以上を踏まえて，本書が与える知見と保育者研究に対する意義についてまとめる。

第4節　本書の学術的意義

本書の意義は以下の2点が挙げられる。
1点目は「実験や客観的な観察では捉えられない情動調整を間主観的に捉えていくこと」の意義である。先述したように，これまでの情動調整に関す

る研究は，実験研究，実証研究，客観的な観察研究が多く方略や発達などについての情動調整が中心であった。確かに，乳幼児は情動調整を発達させたり（Sroufe, 1996・Kopp, 1982 など），様々な方略を用いて情動調整を行ったり（Lazarus, 1991・坂上，1999・Gross, 2016 など）しているため，そのような情動調整は実験や客観的な観察などによって明らかにできるのだろう。しかし，そもそも人の気持ちはただ外側から見て，あの人は喜んでいる，泣いている，怒っていると解釈するのではなく，その人の表情や声などから様々な力動感（vitality affect）が伝わってきて，その力動感を共有するから，それが嬉しい気持ちや悲しい気持ちとして感じ取られる（鯨岡ら，2004）。これは，実験研究や，客観的な観察研究で感じ取ることは難しいのではないだろうか。また，成長とともに情動調整も見えづらくなってくるため，ふつうに客観的に観察しただけでは見えにくくなっていく。だからこそ，子どもの情動調整を，鯨岡（2013）の接面を通して筆者が年長児の情動調整を関与観察によって，間主観的に捉えることに意義があるといえる。

　2点目は，「接面の視点に基づき友達や保育者との関係性においてなされる情動調整の様相を捉えること」の意義である。情動は，人と人とのあいだ（関係性）で生じるものであり，調整もそのあいだでなされるものである。それを，筆者が間主観的に捉えてその様相を捉えていくことに本書の意義がある。

第5節　本書の全体構想

　本書の全体構想は，接面の視点に基づき子どもがどのように情動調整をしているかを，子どもと子どもの友達関係と筆者（研究①②），保育者と筆者（研究③），子どもと保育者と筆者（研究④）の接面を通して見ていくことで，関係の中で生じている年長児の情動調整の様相を解明していく。

　まず，研究①では，Gross（2016）の情動調整方略を年長児の情動調整か

ら見出し，さらには，友達関係と筆者の接面の視点に基づき，1年間共に過ごす中で子どもがどのように情動調整しているのかを，明らかにする。（第4章）

次に，研究②では，友達関係において友達の批判的な関わりであるにもかかわらず子どもがなぜ情動を調整できたのかを接面を通して見ていく。（第5章）

研究③においては，保育者へのインタビューを通して，保育者が子どもの情動調整をどのように捉え，関わっているのか，また，その保育者の関わりを通して年長児の情動調整はどう育っていったのかを明らかにする。ここでは，筆者が当該保育者の保育に実際に関与しながらの観察を行い，関与観察後のインタビューと，別日に設けたインタビューを通して保育者と子どもの関係性における保育者の情動調整に対する捉えを検討する。つまり，研究①②でみられたような年長児の情動調整を研究③の保育者は，年長児のとの関係性の中で，子どもたちの情動調整をどう捉え，関わり，そして子どもがどう育ってきたのかを明らかにする。（第6章）

研究④では，研究③で，明らかになった保育者と年長児との関係性と保育者の年長児の情動調整に対する捉えや，年長児の情動調整の実態を参考にしながら，関与観察において，保育者が年長児の情動調整にどのように関わっているのかを捉えていく。つまり，年長児の情動調整場面での保育者の関わりを接面の視点に基づき明確にするが，ここでは，年長児の情動調整に保育者がどのように関わっているのかを筆者が間主観的に捉えていく。さらに，友達関係の情動調整の中で，年長児は保育者に頼らずともある程度の情動調整ができるようになっているように見える。しかしその中に，実は大人である保育者の役割が重要であり，その友達関係の情動調整も研究④において検討する。（第7章）

この4つの研究の全体構想を図序-1に示した。

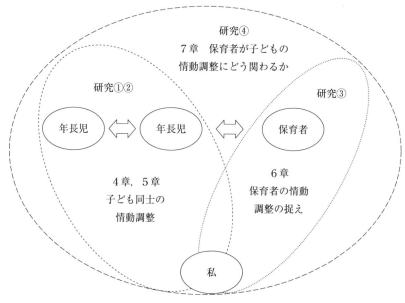

図序-1 本書における全体構想

第1章　情動調整に関する先行研究

　本章では，情動調整研究に関する背景を描き出し，これまでの情動調整に関する研究を概観していく。情動調整の研究では，発達に視点を置いた研究が多く散見されるため，まず，情動調整の発達に関する先行研究を概観する。さらには，幼稚園，保育所，認定こども園などの集団の場における子どもの情動調整の先行研究を検討する。

第1節　情動の制御から調整に至るまでの変遷

　情動は，かつては規制されるべき衝動のようなものだと捉えられ（須田，2017），また，情動は人間本来の崇高なる精神生活をかき乱す無秩序で非合理なものという扱いを受けてきた（遠藤，2013）。しかし，今日では，情動は衝動的なものを抑制しようとする「情動の支配」よりも，情動が生存のために機能するという現実に人々は関心を向けるようになってきた（須田，2017）。冒頭で述べたように，情動とは，人がある重要な出来事に遭遇した際に，主観的側面，生理的側面，表出的側面，といった様々な側面が，不可分に絡み合いながらある特定の行為へと強く人を駆り立てる一過性の反応であり，具体的には，喜び，悲しみ，怒り，恐れ，嫌悪，驚きなど（遠藤，2013）が挙げられている。これらの情動の程度が強過ぎたり，時間が長くなったりすると日常生活に支障をきたすことも多くなるため，我々は，精神的に安定し成熟した人間関係を維持するため，これらの情動を適度に調整している（金丸，2014）。

　私たちの気持ちを表す言葉として，情動の他に「感情」「情緒」等があるが，これらはほぼ，同義語として扱われることも多く（無藤，2019），本書に

おいては,「情動」で統一する。

　そもそも,情動調整という言葉はいつ頃から使われるようになったのだろうか。情動調整の概念について触れる際,情動観の歴史的変遷と切り離して論じることはできない（坂上,1996）。情動観の歴史的変遷については,多くの研究で取り扱われているのが,おおよそ,古代ギリシャ時代の約2400年前（坂上,1996・遠藤,2013など）にさかのぼるのではないかと論じられている。遠藤（1995）によると,古代ギリシャの哲学者Plato（プラトン）は,「人の魂は,端正美麗な賢馬と胡乱醜悪な悍馬という2頭の性質の異なる馬車馬に引かれている」と思い描いていたという。1960年代頃からは,ギリシャ哲学からの流れに基づく破壊的・無秩序的な情動観が優勢であった（坂上,1996）。つまり,先のPlatoの説を持ち出すと,情動は胡乱醜悪な悍馬であり,端正美麗な賢馬である人間の理性を乱すものとされてきた。1970年代になると,情動についての捉え方は大きく変化し,情動は根本的に適応的かつ合理的なものであると見なされるようになる（坂上,1996）。例えば,この頃の人々は,乳児の養育者との情動的な行動の相互交渉を観察することに着目していた（須藤,2017）が,その中でも,機能主義と呼ばれる立場は,情動は個人内現象であると同時に,個人間現象であると定義され,人と環境との関係性にその主眼を置くようになる（Izard, 1991・坂上,1996）。

　日本において,情動調整という用語が使われるようになったのは,ごく最近のことであり,それまでは,"自己制御機能","自己抑制","自己コントロール","情動制御"などの言葉及び,概念が使用され,研究されてきた（田中,2014）。emotion regulationは,情動調整,情動制御などと訳され,研究者によって,同じ意味合いで捉えつつも,おおよそではあるが,訳語では調整（田中,2013・金丸,2017・森田,2005など）を使うものと制御（坂上,1996・中澤,2019など）を使うものにわかれている。

　田中（2014）は,これらを類似概念と捉え,情動調整研究と相通じるところがあるけれども,決定的な違いがあることを2点主張している。1点目は,

これらの自己制御機能（他略）は，定義に調整という言葉を使っていたとしても，自身の情動や感情をいかに抑え，統制して生活できるかというところに主眼が置かれていることである。2点目は，情動調整は自己制御，自己抑制，自己コントロールなどとは異なり，より情動や感情に焦点を当てている点である。これに対して，自己制御機能，自己コントロールは，自身の行動を制御する，調整するということである。

一方で，坂上（1996）は，情動制御を「快情動および不快情動の反応性（reactivity）を開始，維持，調整することに関する一連の諸過程」と捉えた。坂上によると，情動の反応性とは，情動表出の強度や時間的特徴，情動経験の強さに影響するものと考えられており，その高低は生物学的個人差であるとみなされているという。さらに，坂上（1999）は，歩行開始期における情動制御に関する発達的変化の調査において，情動的苦痛を直接的に低減するために，母親や実験者へ働きかけたり，玩具を使って気晴らしをしたりするだけでなく，自発的な快情動の創出というより積極的な機能があることを示唆している。田中は，自己制御には，自身の情動や感情を抑え，統制して生活できるかに主眼が置かれていると主張している。しかし，坂上の情動制御の研究では，子どもは，感情を抑え統制しているというよりも，情動的苦痛を軽減するために，愛着のある人物（母親・実験者）に，働きかけたり，玩具を使って気晴らしをしたり，更に，快情動を創出することが見出されている。つまり，情動調整と情動制御はほぼ，同様の意味で使われていると捉えることができる。

これまでの研究をまとめると，情動は理性の対極にあるものと位置付けられ，無秩序で非合理的なものと見なされてきたが，適応的かつ合理的なものであるという情動観へと変化してきた。また，情動調整という言葉が頻繁に使われるようになった現代では，訳語的に，制御（坂上，1996）であっても調整であっても，身近な人物との関係性における情動調整として捉えられている。

以上，情動調整の研究を大まかに概観してきたが，本書で着目するのは子どもの情動調整である。したがって，子どもの情動調整の発達の様相を捉えることは，必要不可欠であるため，次節では情動調整の発達について考えていく。

第2節　乳幼児期の発達に関する情動調整の先行研究

第1項　乳幼児の情動調整の発達

本節では，乳幼児の情動調整の発達について先行研究を概観しながら整理していく。

乳児期は，主として養育者の外在的情動調整に頼りながらも，認知的側面の発達により，内在的情動調整に少しずつバリエーションが出始める時期であると推測される（森野，2012）。乳幼児期の情動調整には，養育者が重要な役割を果たす（Kopp, 1989）といわれており，最初の半年間では，乳児に備わっている調整能力と，それに対応した養育環境によって，情動調整が達成される（Sroufe, 1996）。養育者は，乳児の苦痛のサインや他の情動的なコミュニケーションを読み取り，それらに意味を与え反応する。すなわち，乳児の側に意図的なものがなくても，2者間の調整が行われるのである（Sroufe, 1996）。この養育者の働きかけは，いわゆる Stern（1985）の提唱する情動調律（affect attunement）の理論に類似する。詳細は，2章に譲るが，情動調律とは，母親（養育者）が乳児の内面から沸き起こる情動や体の動きに反応して，母親も同じように体を動かしたり，言葉を掛けたりすることで，内的状態の共有を交しながら乳児の情動を活性化したり沈静化したりするものである。

では，情動調整の発達を月齢，または年齢で整理していく。

誕生後から3か月頃まで

　Kopp（1989）の理論に依拠しつつ，誕生後から3か月頃までの情動調整の発達をみてみると，2か月頃まで乳児の情動調整は，反射によるものであり，手を口に入れたり，吸ったり，首をかたむけるなどの偶発的な行動が情動調整をもたらすといわれている。例えば，乳児の不快さは，空腹，疲労，眠気などの生理的欲求が妨げられたときに生じるもので，手を口に入れたり，吸ったり，首をかたむけるなどの偶発的な反射によって不快さを調整しているという。実のところ，こうした情動調整の偶発的な成功経験が蓄積されることによって，乳児は原初的な効力感（efficacy）を持つに至り，徐々に，自発的にこれらの行動を用いて自らの情動を調整することが可能になっていく（遠藤，1995）のだと考えられている。もちろん，多くの場合，乳児は，不快さを泣きやぐずりで表現することにより，養育者からの環境の調整や慰撫によって情動を調整している（金丸，2014）。

3か月頃から1歳頃まで

　生後3か月を過ぎた頃から，乳児は養育者に自ら微笑むことが増え，それに応じて養育者も乳児の快情動をさらに増やすために，あやしたり，話しかけたりする。乳児は徐々に自分の内的状態をより分化した形で知覚するようになり，またそうした状態が養育者などの何らかの働きかけによって静穏化されうるということを漠然と理解するようになる（遠藤，1995）。すなわち，養育者とのやり取りの中で，乳児自身で情動を調整しつつも，養育者の働きかけによって，情動を調整していくことが増えていく。つまり，乳児は，自分の不快さを取り除く存在として養育者を認識し始めていく。その養育者に対して，微笑，泣きをはじめとする種々の社会的シグナルを送出することで，自らの情動調整を図ろうとし始める（遠藤，1995）。

1歳頃から2歳頃まで

　生後1年目の終わり頃になると，運動および認知面での発達はさらに目覚ましくなり，例えば，つかまり立ちや二足歩行など，自力で移動する能力の獲得や，手指を自在に操作するようになり，目的達成のための手段を理解するようになる。したがって，調整行動のレパートリーも飛躍的に増大する。ことに，予期，手段―目的関係の理解など，各種認知能力の発達は，偶発的要素を排除した，より計画的な情動制御方略を準備させることにつながる（遠藤，1995）。この時期は養育者を，「自分を助けてくれる存在」として認識するようになり，見知らぬ人に出会い，不安や恐怖の情動を表出したとしても，養育者の陰に隠れたり，養育者にしがみついたりなどして，情動を調整するようになる（金丸，2014）。また，新規的な，見たことのない奇妙な対象によって喚起された不安定な情動状態を，養育者や身近な人の表情を参照し，その対象の潜在的な意味や価値を知ることを通して，調整する行動，いわゆる「社会的参照行動」をとるようになる。

2歳頃から3歳頃まで

　生後2～3年目になると，表象能力や記憶力が発達し，自己意識的情動や自己評価的情動が（久崎ら，2001）現出してくるという。久崎らによると，自己評価的情動（あるルールや基準に対して自身はいいのか，悪いのか）が出現することによって，恥や罪悪感，誇りといった自己意識的情動が出現するようになる。つまり，この自己意識的情動や自己評価的情動の出現によって，自分のふるまいによる情動調整に多大な影響を与えるようになる（遠藤，1995）。したがって，この時期の子どもは，多様な形で情動を調整するようになる。ただし，ちょうど自我が芽生えた時期であり，養育者と衝突することも増え，癇癪やネガティブな情動の表出も多くなり，養育者の共感的な関わりを通して，外在的に助けを借りながら情動を調整したり，されたりすることも多くなる。

3歳から4歳頃まで

　3〜4歳児の情動調整は，2〜3歳時期の癇癪や，強いネガティブな情動の表出は少なくなるものの，3歳児や4歳児では保育者（小林，2003）や他者の力を借りて情動を調整することもある（金丸ら，2006）。この時期は，記憶力やイメージを扱う力が成熟することで，良い，悪いの判断の基準が内面化され，養育者の力を借りずとも，自分で情動を調整できるようにもなる（金丸，2014）。したがって，この時期は，内在的，外在的に情動を調整するようになるが，より自律した情動調整を行うようになる。

5歳以降

　5歳児になると特に，ネガティブな情動を調整する必要性を理解するようになる（森野，2012）。例えば，倉持（1992）の研究では，5歳児クラスのいざこざにおいて，さまざまな言語的方略が使用され，また，使用される方略は一緒に遊んでいる集団に属しているのか，異なる集団に属しているのかという関係の違いによって異なることが示されている。つまり，5歳児になると，むやみに情動を高めることなく状況や関係性に応じたような方略を用いるようになることが示唆されている。

　以上のことから，乳幼児の情動調整の発達は，乳児の運動能力や認知能力の発達に支えられ，養育者や保育者，友達という外在的な存在に助けられながらも，自律した情動調整へと移行していくといえる。

第2項　親子（養育者）の関係性に着目した研究

　親子（養育者）の関係性に着目した研究には，例えば，Sroufe（1996）の二者間の情動調整に関する研究がある。この研究は，養育者は乳児の不快さの兆候や他の情動的なコミュニケーションを読み取り，それらに意味を見出して応答し，乳児に意図的なものはないが，2者間で乳児の例えば，泣きやぐずりなどの調整が行われる（Sroufe, 1996）というものである。さらには，乳

児も意図的に養育者とのコミュニケーションを求めるようになり，コミュニケーションは相互的なものとなる。つまり，不快な情動が起きると，乳児は自ら養育者に近づき，身体接触を求めるなど，不快情動の調整のために養育者を利用するようになり，特定の養育者との間に愛着関係が形成されてくる (Sroufe, 1996)。

金丸 (2017) は，親子の関係性の中で情動が発達するという Sroufe (1996) の視点に立ち，その関係性を情動の利用可能性 (Emotional Availability)，養育者と子どもの間の同期生 (Dynadic Synchrony)，関係を回復すること (Dyssynchrony から Synchrony へ) の 3 点を挙げ，具体的にどのように捉えるのかを以下のように考えている。

情動の利用可能性とは，子どもが母親の情動を利用することで，自分の情動を調整する (Emde et al., 1988) ことである。

親子間のやり取りが調和的でスムーズに続き，相互に応答的，協力的であり，快情動を共有する関係性の状態を総称して dyadic synchrony といわれている。すなわち，乳幼児期の親子二者間の相互作用における，親子間に生じる同期性（行動的・情動的）や母親の乳児に対する応答性や共感性が乳児の社会情動的発達と関連があるとされている (Harrist et al., 2002)。

このような親子間の同期性と情動調整発達との関連については dyadic synchrony の中でも，言語的・非言語的なコミュニケーションが親子間で長く続くのであれば，養育者が子どもの不快情動に応じることで乳幼児は不快情動を調整し，その反応をもとにした養育者の更なる働きかけによって効果的な情動を調整する（金丸, 2017）と考えられる。

しかし，親子関係は，常に調和的で行動や情動が同調しているとは限らない (Dyssynchrony から Synchrony へ)。現実には，親子間の葛藤や言い争いが頻繁に生じる。親子間の葛藤は，相互に調整し，交渉し，解決の方法を子どもが学ぶ機会として意義があり，養育者は子どもが不快情動を調整できるよう助けること (Biringen et al., 1997) が必要である。

以上，金丸（2017）は，親子の関係性の中で情動が発達するという3つの論拠を通して，葛藤的な関係を情動が調整するのであれば，他者との関係を回復する経験の積み重ねによって，情動調整もより洗練されると述べている。確かに，養育者が乳幼児の情動に応答し，共感することによって，乳幼児が情動を調整していくことは，後の幼稚園や保育所などでの家族以外の他者との間で生じる葛藤や不快情動の調整を効果的に行い不安や葛藤などを乗り越えていくのかもしれない。

第2章　情動調整とは

　第2章では，情動，情動調整，情動調律に関する定義を整理し，関係性における子どもの情動調整を捉えていくために，本書が依拠する理論について検討する。

第1節　情動調整とは何か

第1項　情動の定義

　無数にある情動（emotion）を定義づけることは，ことのほか難題（遠藤，1995）である。その無数にある情動の定義を遠藤（1995）は，生理的喚起の状態とするもの，認知的活動の随伴現象とするもの，相互に明確に分離して把捉できる有限個の表出行動のパターンとするもの，反応処理過程の質や状態の記述子とするものに分類している。そのうちの大部分の研究者が，事象に対する反応を，①内的（主観的及び認知的）経験的側面，②神経生理学的あるいは生化学的側面，③行動・表出的側面，の三側面からなるものと見ている（遠藤，1995）という。

　例えば，Gross（2014）は，「Emotion」とは人がある状況に出会い，それが自分にとって有害か有益かを評価することによって，生理的現象，主観的経験，表情や行動を含めた表出的反応という3つの領域に変化を起こすものとしているが，Grossにおいても内的（主観的及び認知的）経験的側面，神経生理学的あるいは生化学的側面，行動・表出的側面，の三側面からなるものと見ている。

　情動をGrossの定義を参考に簡単に説明してみよう。

ある日，ある人が，森の中で熊に出会いました。ある人は，熊に驚き，恐怖を覚えました（有害と評価）。ある人は，足がすくみ（生理現象），俺は死ぬ（主観的経験）と考えるのですが，次の瞬間，前を向いたまま後ずさりをし，そのまま逃げ去りました（表出的反応）。

このように考えると，情動は瞬時に発動される一連のプロセスであることがわかる。

Grossの定義からもわかるように，情動はプロセスであり，その一連のプロセスを調整することが情動調整となる。本書においても，情動をプロセスと捉えるが，本書では，遠藤が示す情動の定義，すなわち，「情動とは，人がある重要な出来事に遭遇した際に，主観的な心の動き，生理，表出，行為傾向といった様々な側面が，不可分に絡み合いながら発動され，内側で感じているだけでなく，外に向けて強く押し出され，結果的に何らかの動作や行為に至る一連のプロセスであり，喜び，悲しみ，怒り，恐れ，嫌悪，驚きなど（遠藤，2013）がそれにあたる」に，依拠する。

次に，情動調整の定義について考えてみる。

第2項　情動調律と情動調整の定義

情動調整について論じる前に，情動調律（affect attunement）(Stern, 1989)についての概念に触れておく。生後7～9か月になると乳児は，自分にも他者にも心があることを発見する（主観的自己感／sense of subjective selfe）。つまり，心の"主題"が自分以外の誰かと共有可能であると認識するようになる。そうなると，"情動調律"が見られるようになるといわれている。情動調律とは，「内的状態の行動による表現型をそのまま模倣することなしに，共有された情動状態がどんな性質のものなのか表現する行動をとること」(Stern, 1989)である。つまり，情動調律とは，母親（養育者）が乳児の内面から沸き起こる情動や体の動きに反応して，母親も同じように体を動かしたり，言葉を掛けたりしながら，内的状態の共有を交しながら乳児の情動を活

性化したり沈静化したりするもの (Stern, 1989) である。ただし，Stern も主張するように，ただ単に乳児の行動を模倣しただけでは，乳児の主観的な情動を共有しているとはいえない。子どもに関わる人が自らの情動を子どもに合わせて，情動の共有のみならず，調整することも目指した関わりが情動調律である（勝浦，2016）といえる。

　情動調律は，主に，「言葉が十分に話せない乳児と気持ちを交流させていくうえで重要な方策である」（勝浦，2016）と考えられている。情動調律は，無意識的に行われることが多いようである。実際に養育者が，どのように情動調律を行っているのか Stern（1989）の例を挙げてみよう。

> 　生後8か月半になる男の子が，もうちょっとで届きそうなところにあるおもちゃに向かって，手を伸ばす。黙々と，それに向かって身を伸ばし，体を傾かせながら，腕や指を思いっきり伸ばすが，それでもまだおもちゃには届かない。そこでその子は残りの数インチを絞り出そうと体を伸ばす。その時母親が，力を込めて体から空気を吐き出すように，"ウーウー"と，次第に強くなるような調子で声をかける。この時，次第に強まる母親の声と呼吸の効果が，乳児の徐々に強まる身体的効果に一致している。

　先にも述べたように，情動調律は模倣とは違う形で共有された情動状態がどのような性質のものかを受け止め表現することである。また，Stern は，情動調律の対象を喜び，怒り，悲しみなどの分類可能で言語に置き換えやすいカテゴリー性の情動ではなく，波のように押し寄せる，あせてゆく，移ろいやすい，暴発的な，次第に強まる，次第に弱まる，あふれんばかりの，情感をそそるなどの，語彙や分類に当てはまらない生気情動としている。つまり，調律は情緒的な共鳴体験を伝える応答（筒井，2018）だといえる。

　生後一年に渡って，乳児と養育者の特別な関係を指す愛着（attachment）は進化し，情動的な関係を構築させていく（Sroufe, 1996）。その過程において，母子間の情動調律は，情動的関係の構築に有効であるといえるだろう。また，

情動調整においても，乳児の情動調整が親子の関係性の中で発達していく（金丸，2017）際に，母子間の情動調律は子どもの自律した情動調整の土台となっていることが考えられる。

　次に，情動調整の定義について考えていく。先述したように，emotion regulation は，以前は，"自己制御（調整）"，"自己抑制（対自己主張）"，"自己（セルフ）コントロール"，"情動制御"などの言葉及び概念が頻繁に使用されてきた（田中，2014）。例えば，柏木（1988）は，幼児期の"自己調整機能"を自己制御的側面と自己主張的側面という2つの側面から捉え，「集団場面で自分の欲求や行動を抑制する」という自己抑制的側面だけでなく，「自分の欲求や意思を明確に持ち，これを他人や集団の前で表現し主張する」という自己主張的側面も重視している。また，"自己制御機能"は，自己と他者の欲求や意思が葛藤する場合，内面化した行動基準に照らして自分の行動を制御することを示している（水野・本城，1998・森下，2000 など）。田中（2014）は，これらの研究に対して，制御には，たとえ定義において"主張"側面と"抑制"側面からなることや調整という言葉で置き換えられることを明記していたとしても，これらの研究の目的のほとんどは自身の情動や感情をいかに抑え，統制して生活できるかというところに主眼が置かれていると指摘している。さらに，田中は，情動調整の調整は，統制，またはコントロールするという意味ではなく，主体が環境に適応し生存していく際に情動が柔軟に働く変化の全体を指すことを Campos & Barrett（1984）と須田（2009）の定義を引用し主張している。

　情動調整（emotion regulation）の定義や捉え方は，研究者によって様々であり（森田，2004），統一的な見解もまだない（久保，2010）といわれている。その中で，例えば，Gross（2016）は，情動調整とは，我々がいつどのような情動を有するか，その情動をどのように経験しどのように表出するかについて影響を与えようとする試み全体のことを指している。また，Thompson（1994）も，Gross（2016）と同様の捉え方をしているが，Thompson は，情

動調整を個体内で進行する内在的なプロセスだけでなく，他者あるいは外部的な要因による外在的なプロセスとして捉えている（久保，2010）。

以上のことをまとめて本書では，情動調整を以下のように定義する。情動調整とは，有機体内外の事象によって，内的経験的側面，神経生理学的側面，表出的側面といった3つの反応的側面が絡み合いながら発動される情動（遠藤，1996）を，我々が，いつどのような情動を有するか，その情動をどのように経験しどのように表出するか，について影響を与えようとする試み全体のこと（Gross, 2016）。すなわち，主体が環境に適応し生存していく際に情動が柔軟に働く変化の全体を指すこと（Campos & Barrett, 1984；須田，2009）とする。また，情動調整は個体内で進行する内在的なプロセスだけでなく，人と人とのあいだで生じる関係的なプロセスとして捉えていく。

また，情動調整の方略については，Gross（2016）が5つの情動調整方略を示しており，本書ではこのGrossの理論に依拠することで，子どもはある状況下において情動を調整していることを明示する。

第3項　なぜ，ネガティブ情動に着目するのか

前述したように，情動調整には恐怖，悲しみなどのネガティブ情動だけでなく，喜び，楽しさなどのポジティブ情動も強度を増大すること，および低減することが情動調整に含まれている（田中ら，2015）。しかし，我々が日常生活において表出の調整の対象とする感情は，怒りや失望，悲しみといったネガティブ情動が圧倒的に多い（崔・新井，1998）ように思える。

保育所，幼稚園などにおいても，子どもは日常的にネガティブな情動を経験しており，子ども同士が継続的な関係性を持ち，互いに影響し合いながら育ちあっていく（野澤，2013）ことを鑑みると，日本の幼児教育や保育の文脈においても，子どもがネガティブな情動を経験することは，子どもの発達にとって重要な機会（芦田，2019）となるのではないか。

そのような中での，ネガティブ情動の調整経験は，相手への考慮や相手と

の関係の維持および規範の維持という向社会性を育む（崔・新井，1998）一面もある。また，このような情動を自分でコントロールし，状況に応じた行動をとることは，社会生活を送る上で重要であるとされている（中澤ら，2012）。特に，悲しみや苦しみ，怒りなどのネガティブな情動に関しては，自律して調整することが求められている。例えば，情動的場面で喚起された感情を鎮静化できないことは，不適切な社会的行動や乏しい仲間関係を示唆し（中澤ら，2004），ネガティブ情動の社会的制御は仲間関係を作り，その関係を維持する上で重要である（中澤ら，2012）といわれている。これまでの研究で，ネガティブ情動に関する研究が多くなされてきた（森田，2012）理由もここにある。

確かに，子どもの友達の気持ちを理解できないことが，友達との関係がぎくしゃくしてしまう（利根川，2013）ことは多く，情動を調整できるようになることは，子どもの成長過程で重視されることの一つである。しかし，ただ単にネガティブ情動の調整を経験したから，相手の気持ちを理解していくわけではない。相手の気持ちを理解するまでに，子どもには多くの葛藤が生じたり，その反対に，気持ちのつながりを味わったりする中で，自分の情動を調整する必要性を学ぶのではないか。

園生活の中で，ネガティブ情動が生じる場面には，友達とのトラブル，いざこざ場面や，つまずき場面などが想定される。トラブルとは，「問題を抱えて困った状態」にあり，いざこざも含まれ，子ども間の「言い合い」「叩いたり，けったりすること」「誰かが泣いていること」「行為にはならないが否定感情をもっていることがわかること」などがある（白石ら，2007）。「つまずき」とは，子どもが園生活の中で遭遇する場面に埋め込まれた小さな困難のことを指し，トラブルやいざこざに限定していない（田中，2013）。例えば，入園したばかりの子どもの母親との分離不安や，自分の欲求とは別に集団生活の流れに沿わなければならないような場合もつまずき場面に相当する。つまり，このような場面においても子どもにとっては葛藤を経験する場面で

あり，自身の情動を調整することが求められている場面である（田中，2013）。

　トラブル場面やつまずき場面では，自分自身の思いだけでなく，相手の思いもあり，この思いは相手とつながることもあるが，対立することもある。対立すると，怒りや不安，悲しみなどのネガティブ情動が生起する。一方で，子どもは友達と対立した場合，自分の考えを主張する中で，相手の考えを受け入れながら折り合いを付けることも経験している。つまり，相手とのあいだに葛藤を抱きながらも情動調整しつつ，折り合いを付けていくのではないだろうか。

　鯨岡（2006）は，このように二つの相反する気持ちのあいだで葛藤を抱えることを「両義性」と呼んでいる。鯨岡によると，人間は，「自己充実欲求」と「繋合希求欲求」の両方を抱える「根源的両義性」をもった存在であり，「どこまでも自分を貫きたい」のに，「一人では生きていけない」存在である（鯨岡，2006）という。

　こうしたせめぎ合う二つの気持ちを一人の人間が抱くこと（塚田，2009）が，「両義性」（鯨岡，2006）である。両義性はどんな対人関係にも起こることで（塚田，2009）「あちらを立てればこちらが立たず」という二律背反的な事態を指している（鯨岡，2006）。つまり，互いの気持ちがぴったり重なった心地よさを意味する一方で，通じ合えないもどかしさが生じることも意味している（塚田，2014）。その上，子どもがこのような葛藤を乗り越えて，自身の情動を調整することは簡単なことではない。

　それでも，ネガティブな情動が伴う場でこそ，社会性の発達が展開し，ネガティブな情動も含めた友達とのやり取りを通して，「相手の思いを受け止めつつ，自分の思いを表現し相手に伝える」，「自分の思いを表現しつつ，相手の思いを受け止める」（鯨岡，2009）ことが実現していくのではないだろうか。そのためにも，ネガティブな情動に着目して，子ども同士のあいだでなされる情動調整や，保育者が子どもの情動調整というものをどう受け止め，どのように関わっているのかを明らかにすることは，関係性の中で子どもの

情動調整の様相を見出すことができるのではないかと考えている。

第2節　本書の依拠する枠組み

第1項　Grossが見出した情動調整方略

　情動調整（emotion regulation）の定義や捉え方は，研究者によって様々であるが（森田，2005），本書ではGross（2008）が提唱する情動調整とそのプロセスに着目する。情動調整とは，我々が，いつ，どのような情動をどのように経験し，表出するのかを調整しようとするプロセスである。Gross（2016）は情動調整をある"状況"に出会い，それに"注意"を向け，"評価"を行い，"反応"し，その反応が当初の状況も変えるというプロセスとして捉え，情動が生じるプロセスに対応した情動調整方略を示した。

　Grossの情動調整方略には次の5つがある。①ある状況下において予想される情動が引き起こされる前に，身を置くか否かを選択する「状況選択（situation selection）」，②情動が生じている状況を直接的に修正する「状況修正（situation modification）」，③気晴らしや注意の転換などによって情動に影響を与える「注意転換（attentional deployment）」，④状況に対する見方，考え方を変えて情動を変える「認知的変化（cognitive change）」，⑤情動の行動学的兆候を直接的に修正する「応答調整（response modulation）」，の5つである。

第2項　人と人とのあいだの「接面」にある情動や心の動きを描く

　鯨岡（2013）は，従来の客観科学パラダイムでは，観察者（研究者）が無関与で無色透明であり，さらに観察者は研究対象（被検者＝協力者）から距離をとり，研究対象を外側に見て，目に見える研究対象の行動や言動を記録するという態度で観察に従事するとして批判している。つまり，鯨岡の主張は

「子どもを日常生活から切り取り，環境や他者と関わりを持たない孤立した個体であるかのように見なしてきた」ことや「子どもの育ちを要素に還元して一義的な因果関係として分析してきた」（柴山，2006）と換言できるだろう。

これに対して，鯨岡の提唱するパラダイムは，観察者は観察者と研究対象（被検者＝協力者）とで作る接面の一方の当事者であるということを前提とし，「その接面で一体何が起こっているのか」を研究者自身の身体を通して感じ取るという枠組みである（鯨岡，2013）。つまり，接面パラダイムは接面の一方の当事者である研究者自身がその接面で起こっていることを自らの身体を通して感じ取ることに重きを置く枠組みである（鯨岡，2013）。

鯨岡（2016）によると，接面とは，相手の主観（情動の動きや心の動き）が相手と私の「あいだ」を通って私の主観に現れ出ることが「間主観的にわかる」ことだと説明し，その「あいだ」を接面と呼び，この接面は単なる空間ではなく情動が行き交い，心の動きが行き交う一つの場であり，人と人のあいだに成り立つ接面で間主観的な情動や心が行き交うと主張している。つまり，接面を捉えることが情動や心の動きを間主観的に把握できることにつながる。

さらに，接面は，「人と人が関わる中で，一方が相手に（あるいは双方が相手に）気持ちを向けた時に，両者のあいだに生まれる独特の空間や雰囲気をもった場」であり，「人と人のあいだで創られるものであり，子どもと大人の関係でいえば，大人が目の前の子どものことを分かろうと思って自分の気持ちをその子に寄り添わせるとき，あるいは，その子がその大人にまなざしを向けるとき，そこに接面が生まれる」としている。この人と人の接面で生じている双方の心の動きは，目に見えるものではなく，そこでの心の動きはその接面の当事者にしかつかめないもので，第三者にはそれを把握することはできない（鯨岡，2016）。しかし，接面で生じている目に見えない心の動きをその接面の当事者である実践者（関与観察者）は，その関わりの機微（心の動き）を掴むことができるという。

この目には見えない子どもの情動の内側（内面）で感じていることをみていくことが，子どもがどのように情動調整をしているのかを浮き彫り（明確）にできるのではないかと予想している。そのために，鯨岡（2016）の提唱する接面に依拠する。鯨岡は，子どもの内面は目には見えないが接面で起こっていることを見ることを関与観察者（実践者）が，当事者として接面で感受した感じや，その時に考えていたことを中心にエピソードのかたちで描くことで，子どもの心の動きを掴むことができると述べている。
　したがって，鯨岡の理論に依拠すること，すなわち，関与観察を通して筆者が当事者として接面で感受したことをエピソードに描くことによって，子どもの友達との関係においてなされる情動調整を明らかにすることができると考えるため，本理論を採用した。

第3節　筆者自身が身を置く接面

　筆者は，関与観察者として，人の生きる場に関与しながら，その接面に生じたものを取り上げる（鯨岡，2013）ということに依拠し，本書で挙げた問いを明らかにするために子ども同士の接面で生じていることを間主観的に把握していく。
　本書で関与観察者として関わってきた子どもたちは，A認定こども園においてもB幼稚園においても，「誰のお母さん？」と笑顔で声をかけてくれたり，給食時間に「ここに座っていいよ」と誘ってくれたり，「ねえ，みてみて」と，まるめたヨモギ団子を見せてくれたり，「ありあに（ザリガニ），（「捕まえて」と訴えてくる）」など，自ら筆者に積極的に関わりを持ち，筆者の緊張を解してくれた子どもたちであった。また，観察に訪れると「おはよう」と笑顔で迎えてくれ，「これ作った」「カブトムシ見る？」などと必ず声を掛けてくれた。
　本書で取り上げた事例で筆者は，その場にいることで子どもたちに関与し

ており，子どもたちの気持ちや感情を共有していた。

　接面とは，人と人のあいだで創られるものであり，子どもと大人の関係でいえば，大人が目の前の子どものことを分かろうと思って自分の気持ちをその子に寄り添わせるとき，そこに"接面"が生まれる」と鯨岡（2013）が主張するように，筆者がその場に関与し子どもたちに心を寄せ，まなざしを向けているという点からも，筆者自身も接面に入っていると考えている。

　参与観察では，フィールドの人びととの生活や活動に参加しながらデータを取るという観察形態（柴山，2006）をとるが，それは，「第三の視点」であり，これは，フィールドの人びとという当事者の視点と部外者の視点を併せ持っているという視点で人々を見ることによって，フィールドの人びとの日常世界を理解するというものである。この特徴は，筆者の主張する関与観察と参与観察での「当事者の視点と部外者の視点の両方から見る」ことに類似しているようにみえる。しかし，類似しているようで決定的な違いがある。それは，本書での事例では，筆者の場合は，「その場に居合わせる」という参与（石野，2003）ではなく，また，参与観察での部外者的な存在（柴山，2006）でもなく，上記した関与観察を通しての関係性があり，関与観察では筆者自身も当事者であるからこそ，子どもたちがどうするのか，なぜ，そうしたのかなどを間主観的に把握でき，子ども同士の気持ちや思いを描くことができる。この関係性こそが接面であり，このような接面だからこそ部外者的な当事者にはみえないものを描くことができると考えている。

第4節　間主観的に捉えることとは

　本書においてここまで，子どもの情動調整を捉えていくために，間主観的に把握していくことを述べてきた。前述したように，情動調整は，人と人とのあいだ（関係性）で生じるものであり，調整もそのあいだでなされるものであり，それを，筆者が間主観的に捉えてその様相を捉えていくことに本書

の意義がある。

　この間主観的（間主観性）をどう捉えていくかについて，言及しておく。鯨岡（1999）によると間主観性とは，「一方の主観的なものが，関わり合う他方の当事者の主観性のなかに或る感じとして把握されるこの経緯を，二者の「あいだ」が通底して，一方の主観性が他方の主観性へと移動するという意味で「間主観性 intersubjectivity」とよび，その把握されたものを当事者主体に定位して述べるときは当事者主体に「間主観的に感じ取られたもの」」としている。つまり，「対象となる人の思いや気持ちを，その人と関わる人が「分かる」「感じる」といった現象を指す（勝浦，2016）。勝浦によるとこれは，「特別な技能を必要とすることではなく，人と人が関わり合う中で，ごく日常に起きている事象」である。

　したがって本書では，上記した見解を踏まえて，保育の場に関与した筆者（私）と子どもや保育者とのあいだを，子どもや保育者の気持ちや情動が，筆者（私）に通底してきて，主観的に，「分かる」「感じる」と，捉えることを「間主観的に捉える」とする。

第3章　方法—関与観察とエピソード記述・「語り合い」法

第1節　関与観察を通して子どもとの接面を捉えるために

　本書では，鯨岡の提唱する接面パラダイムに依拠し，関与観察を通して筆者が当事者として接面を捉えていく。接面パラダイムに依拠することで，客観的科学では，捨象される質的要素である接面で感受したことをエピソードに描くことによって，子どもの内面に生じる情動調整を描き出すことができる（鯨岡，2016）と考えている。したがって，対象を固有性や相互の関係性も含めた環境や文脈と切り離さず，観察者も無色透明で取り換え可能な存在ではなく，場に関与し，間主観的な感受認識も含んだ事象の把握と理解を目指す（笠原，2015）質的研究法を採用する。

　その中でも本書では，関与観察，エピソード記述，「語り合い」法の3つの方法に依拠する。関与観察とエピソード記述では，「人と人の接面で生じていることを一方の当事者としてどのように把握するのかが，そのまま関与観察とエピソード記述の方法になる」という鯨岡（2013）の主張に基づき，この方法を挙げる。

　また，「語り合い」法（大倉，2011）とは，協力者と自由に「語り合うこと」を通じてその協力者の「現実性」に可能な限り迫ろうとする方法である。本書では，関与観察を行う中で，保育者の子どもに対する情動調整の捉えを，子どもや保育者に関わりながら，保育者と子どもの情動調整についてインタビューをしながら語り合っている。この語り合いを通して，大倉の指摘する保育者の「現実性」に可能な限り迫ることができるのではないかと考え，こ

の方法を参照した。

第2節　関与観察から得た出来事をエピソード記述で描く

　本書では,「接面で生じていることを重視する枠組み」という接面パラダイムに依拠する。これは, 人と人の接面で何が起こっているかという素朴な問いに対して, 当事者の立場に立って, 目に見えない心の動きをも含めてそこで起こっていることを明らかにしようとする試みである。

　この枠組みに立つのであれば,「関与観察とエピソード記述」の方法は必要不可欠であるという鯨岡 (2013) の主張に基づき, 本書においても関与観察とエピソード記述の方法を採用する。

　鯨岡は, 関与観察を通して目の前の個別具体の人の生きざまに直接関与することで把握できることが多数あるとし, 人と人の接面で生じていることを研究者もその接面に入り込み, 接面の一方の当事者として描き出すことが重要であると述べている。エピソード記述は, 研究者自身が人の生きる場に関与しながらその接面に生じたものを取り上げ, それを具現したもの (鯨岡, 2013) である。

　エピソード記述は「背景」「エピソード」「考察 (メタ観察)」の順番で構成されている。「背景」には, エピソードの背景となっている状況や, 関与観察者の立場を明示する。「エピソード」には関与観察者が感じたこと, 思ったこと, 間主観的に掴んだことを時系列に沿ってあるがままに描く。エピソードでの出来事を描き出した理由や心揺さぶられたことを「考察」で説明している。これは, 読み手の了解可能性を満たすために必要となる。つまり, 上記の記述を通して, 読み手に対して"私"の心揺さぶられた意識体験を分かってほしいと伝えることがエピソード記述である。

　関与観察とエピソード記述の方法に関しては, 主に, 第4章, 第5章, 第7章で用いている。

本書では、関与観察以外にも、保育者へのインタビューを通して、保育者が子どもの情動調整をどのように捉えているのか、保育者の年長児の情動調整にどのように関与しているのかについても明らかにしていく。このインタビューを通して、本書では「語り合い」法（大倉, 2011）というアプローチを参考にしながら、保育者から得られた語りを分析している。

第3節　その人らしさを捉えるための「語り合い」法

「語り合い」法とは、大倉（2011）によると、研究者である「私」が現実で感じた事柄や一生活者として経験した事柄を積極的に記述し、それをも分析の材料にしていくものである。さらには、この方法は、協力者との対話の生き生きとした様相を蘇らせ、協力者の人となりを最もよく伝える方法である。この手法を用いて研究を行った町田（2018）によると「語り合い」法は、「協力者の「その人らしさ」を捉えていくにあたり、逐語論的な分析にとどまらず、インタビューの場において、間身体的・間主観的に調査者に感受されたことを積極的に呈示しながら分析することにより、協力者の体験世界に迫ろうとする方法」であるという。「語り合い」法に関しては、第6章で用いている。

第4節　本書における研究協力園と研究協力者の概要

第1項　研究協力園と研究協力者

本書における、第4章から第7章までの主な研究協力園と研究協力者は以下のとおりである。

1) A認定子ども園

A認定こども園は，某県内にある乳児期から幼児期の保育を実施しており，地域の乳幼児が通い，0歳児から年長児まで各1クラスで構成されている。研究協力者は，年長児キリン組（保育教諭2名と子ども22名）のハルトとタクヤ（第4章），セイヤ（第5章）の3名である。詳細は表3-1に示す。

表3-1　研究協力者概要：A認定子ども園（研究開始時）

観察期間	保育教諭（経験年数）	対象児
2016年4月～2017年3月	ハルミ先生（当園では8年）	ハルト
	ナミ先生（2年）	タクヤ
		セイヤ

2) B幼稚園（私立）

B幼稚園は，某県内にある私立幼稚園で，未満児クラス（1クラス），年少児クラス（3クラス），年中児クラス（2クラス），年長児クラス（2クラス）で構成されている。研究協力者は年長児クラス担任のキクノ先生と子ども27名である。観察期間は，2019年5月から2020年3月まで行い，その期間において，キクノ先生へのインタビュー（第6章）と年長児クラスにおいて関与観察を行い，年長児担任のキクノ先生とリツコ先生に毎回の観察終了後に，聞き取り調査を行った（第7章）。観察期間と協力者は，表3-2に示す。

表3-2　研究協力者概要：B幼稚園（研究開始時）

観察期間	幼稚園教諭（経験年数）	対象児
2019年5月～2020年3月	キクノ先生（当園では19年）	スミレ組の子ども
	リツコ先生（当園では10年）	アヤメ組・モモカ

第2項　なぜ年長児に着目するのか

本書での対象年齢は，年長児（5～6歳）である。本書ではなぜ，年長児に焦点を当てるのかについて説明する。

金丸（2017）は，適応的な情動調整とは様々な情動を体験する中で，状況

に応じて柔軟に情動調整方略を使い，言語での表現など社会文化的に合った形で表現され，さらには入り混じった複雑な情動をも自分の中で統合することができることだと述べている。このような情動調整方略を子どもは，幼児期のみならず，児童期以降も生涯にわたってさまざまな経験や，他者とのやり取りの中でより熟達させていく。

　この情動調整方略は，Gross（2016）が提起した5つの方略を示している。Grossの情動調整方略は前述した通り，①ある状況下において予想される情動が引き起こされる前に，身を置くか否かを選択する「状況選択」，②情動が生じている状況を直接的に修正する「状況修正」，③気晴らしや注意の転換などによって情動に影響を与える「注意転換」，④状況に対する見方，考え方を変えて情動を変える「認知的変化」，⑤情動の行動学的兆候を直接的に修正する「応答調整」，の5つである。就学前期は，自覚的にこれらの情動調整方略を使用するようになる時期（鈴木，2019）だといわれている。例えば，状況選択や状況修正に関しては，就学前期（3，4，5歳児）に非常に多く用いられている（鈴木ら，2004）。一方で，就学前児には，注意転換や認知的変化について報告することは困難である（鈴木，2005）という。その理由は，就学前期の子どもは，出来事の異なる側面に注目したり，出来事に対する考え方を変えたりといった，認知的変化は発達的に困難であるとのことである。一般的に，認知的方略の使用は，児童期後期から青年期にかけて発達を遂げる（Silversら，2012）。ただ，子どもは自発的に認知的変化の情動調整方略を使用して調整することは難しいが，大人からの指示に従って実行することができる（鈴木，2008）という。

　鈴木（2005）は，仮想的なネガティブ情動喚起場面において，就学前（4～6歳）の子どもの報告によって情動調整方略を検討している。その結果，年齢差なく，行動的方略の報告が最も多く，就学前の子どもの情動調整は認知的側面よりも行動的側面に注目して行うのではないかという結果を得ている。また，認知的変化や注意転換の方略については，4～6歳児にみられるもの

の，他者の視点や状況についての内的状態を捉えた結果は少なく，就学前の子どもは，認知的変化の方略についてある程度認識はしているもののこの認識には未だ発展途上にあることを示唆している。応答調整の方略に関する研究は見当たらなかった。また，Grossの情動調整方略に関わる研究では，個人の情動調整能力はおおむね4歳児くらいまでに発達する（森野，2012）といわれている。

　ただし上記の研究は，すべて仮想的なネガティブ情動場面における調整方略に関する実験研究によるものであり，子どもが実際に幼稚園や保育所などの社会的文脈の中でどのように方略を使って情動調整をしているかを報告しているものではない。これまで述べてきたように，子どもは，人と人との関係の中で情動調整を行っている。そのため，関係性という視点で情動調整をみていくことは必要不可欠である。特に，上記の研究によると，関係性の中で方略を用いながら情動調整をしていくのかは，年長以降に経験していくことであるため，年長児に焦点を当てていく。

　また，先行研究では，1歳児から4歳児（年中児）までの子どもの研究が多いのは，年長児は，自律して情動を調整したり，抑制したりすることが当たり前だと捉えられている可能性があり（鈴木，2006），年長児の情動調整に対する保育者の捉えや関わり，育ちなどが情動調整という文脈では明らかにされてこなかった可能性があることからも，年長児の情動調整の様相を明らかにすることは意義のあることと考えている。また，情動調整の必要性を感じ意識的に，また，主体的に情動調整しようとするようになる（森野，2012）ことからも年長児に着目していく。

第3項　協力園が認定こども園と幼稚園であることの理由

　本書では，年長児の情動調整について研究するにあたり，A認定こども園と，B幼稚園に研究協力を依頼した。年長児の場合，ほとんどの子どもが年長児に至るまで，幼稚園や認定こども園，保育所などで数年間（例えば，幼

稚園，認定こども園，保育園においても多くの子どもは，年少の時点で，園生活を送っている）園生活を送っているため，認定こども園の年長児と，幼稚園の園児は，大差はないと捉えている。また，情動調整という視点において，筆者がこれまで他の園を観察してきたが，その中でも，上記2園は年長児の情動調整の姿が顕著であったことから選択した。それが，認定こども園と幼稚園であった。さらには，「歴史的構造化ご招待」（安田ら，2015）の理論に基づき，「自分の研究テーマに合致した方にお願いして話を聞かせてもらう」という視座からも，当該2園を研究協力園として依頼している。

第5節　本書における倫理上の配慮

　本書の関与観察，保育教諭，幼稚園教諭へのインタビューを開始するにあたって，協力園の責任者に調査目的を説明した上で実施の許可を得ている。本論文中の保育教諭，幼稚園教諭，子どもの名前は全て仮名を用い，個人が特定されることがないよう配慮している。

第4章　友達同士の接面から見た関係性における年長児の情動調整

　まず，第4章では，筆者が，1年を通じた観察において年長児に関わりながら，年長児の友達関係（二者のあいだ）においてどのように子どもが情動を調整しているのかを接面に基づき，検討する。さらには，Gross（2016）の情動調整方略を年長児の情動調整から見出し，子どもがどのように情動調整をしているのかを明らかにしていく。

第1節　接面の視点に基づいた子ども同士の相互的な情動調整を描くために

　乳幼児期は，集団生活の場である園において保育者や他の園児と，生活を展開する中で対人関係を広げ，生活がより豊かに楽しく展開できることを体験する。それと同時に喜びや，自己主張のぶつかり合いなどによる怒り，悲しさ，寂しさなどを味わう体験を積み重ねながら，次第に相手も自分も互いに違う主張や感情をもった存在であることにも気づき，その相手も一緒に遊び，生活できるよう自分の気持ちを調整していくようになる（内閣府・文部科学省・厚生労働省，2018）。この喜びや不安などの情動は，我々の社会生活において，思考や行動を動機づけ，方向づける重要な役割を果たすものであり（Lazarus & Folkman, 1991・坂上，1999・森田，2004），情動を適切に調整することは，個人の適応に大きく関わっている（Thompson, 1990）といえる。

　実際に子どもは園という場において，保育者に支えられながら（田中，2013, 2015），自律的に情動を調整するようになる。つまり，子どもは自律的に情動調整を育んでいくが，子どもの情動調整の発達に影響するのは，保育

者や養育者だけではなく，兄弟や同輩といった子ども同士のやりとりも，子どもの情動の発達に大きな影響を与えている（森田，2004・及川，2016・鈴木，2019）ことが指摘されている。

そこで，本章では年長児クラスの友達関係における「情動調整」場面に着目し，子ども同士が具体的にどのように情動を調整しているのかを明らかにする。そのためには，鯨岡（2016）の提唱する接面に着目し，友達関係における情動調整について考察する。

以上のことを踏まえ，本章では，年長児が友達関係でどのように情動を調整しているのかを接面に視点を置き，友達関係における情動調整を検討する。

したがって，接面の視点に基づき子どもの相互的な情動調整を明らかにするために，情動調整の必要性を感じ意識的に，また，主体的に情動調整しようとするようになる年長児（森野，2012）に着目する。

第2節　研究方法

第1項　情動を調整する子どもたち—研究協力者

研究協力園はA園で，年長キリン組に研究協力を依頼した（保育教諭2名と子ども22名）。研究協力者は，保育教諭のハルミ先生，ナミ先生，ハルト，タクヤである。

ハルト（観察開始時5歳7か月）：1歳児で入園。年子の妹がいるため，ハルトはヨチヨチ歩きの頃から自分で荷物を持ち登園していた。乳児クラスの頃から母親に甘えることを我慢していることもあり，自分の思いを他者にうまく伝えられず，伝えたいことを相手の思いを察してしまい，言えないこともあった。2〜4歳までは，登園後に母親と別れる際泣くことが多く，進級してからも時折泣いていた。年中では，保育者を介して友達と遊ぶことが多くあった。

タクヤ（観察開始時5歳10か月）：2歳児で入園。2歳下の妹も在園中。生き物に興味・関心があり，園庭の生き物を探したり，クラスで飼育している生き物と触れ合ったりすることが多く見られた。タクヤは自分の意見を抑えることがあり，友達や母親，先生の意見に添うこともあった。年中は，マサトと仲が良くマサトは自分を引っ張って行ってくれるため，タクヤにとっては心地よいと思える友達である。

ハルトとタクヤの関係

　ハルトとタクヤは，年長で仲が良くなり，一緒に遊ぶようになった。観察では，ハルトとタクヤは生き物を通して遊ぶことが多く，その中で，タクヤはハルトに言われたことを我慢する姿が見られた。研究開始時の4月は，全体的に子どもの様子を見ていたが，その中で情動調整という視点で捉えた際に，我慢する場面が多く見られたタクヤと情動調整がうまくいかないハルトの二人に注目した。そこで，ハルトとタクヤの相互的な関わりを見ていくことで，二人の関係性の変容や，情動調整を捉えられることができると考え，5月以降から継続して観察することにした。

　関与観察は，基本的に年長児クラスで週に1度，午前8時半の登園から12時半ごろの昼食時間まで，合計40回行っている。

第2項　エピソードの抽出手順と方法

　まず，年長キリン組の登園から昼食までの保育場面において，子どもの遊びやクラス活動を子どもに関わりながら観察し，記録している。記録をもとにエピソード記述の方法に基づいてエピソードを抽出した。記録には，保育での子どもの様子をカメラで撮影したもの，観察から得られた疑問点，子どもの様子などに関する保育教諭への質問，それに対する応え（インタビュー），写真記録によるものである。また，記録をもとにその日の保育の様子をエピソードとしてA4用紙2〜3枚にまとめ，分析している。

　分析では，ハルトとタクヤのエピソードを抽出し，分析資料を作成した。

この分析資料をもとに，1年間のハルトとタクヤの関わりの中で見られた情動調整を Gross（2016）の情動調整方略を参考に分類する。次に，子どもの友達同士の相互的な関係に生じる接面，すなわち両者のあいだに生まれる空間や雰囲気を捉え，子どもの友達関係に生じる具体的な情動場面においてどのような情動調整が働いているかを検討していく。

第3節　友達との関係性における年長児の情動調整

第1項　ハルトとタクヤの情動調整

　1年間の保育観察におけるエピソード記録（文字数：62,532文字）は，全74事例あり，その内ハルトの事例が8事例，タクヤが3事例，ハルトとタクヤの両者が29事例あり，そのうちの情動調整に関わる16事例のうち，観察者である筆者がハルトとタクヤと共有した接面の中で二人の情動調整に心揺さぶられた（鯨岡，2013）8事例を抜粋している。

　Gross（2016）の5つの情動調整方略，①ある状況下において予想される情動が引き起こされる前に，身を置くか否かを選択する「状況選択（situation selection）」，②情動が生じている状況を直接的に修正する「状況修正（situation modification）」，③気晴らしや注意の転換などによって情動に影響を与える「注意転換（Attentional deployment）」，④状況に対する見方，考え方を変えて情動を変える「認知的変化（cognitve change）」，⑤情動の行動学的兆候を直接的に修正する「応答調整（response modulation）」，に従い，ハルトとタクヤの情動調整を捉えた。

　情動調整と捉えた場面は，一重線を引いた。なお，本節では，筆者ではなく"私"と記している。

第4章　友達同士の接面から見た関係性における年長児の情動調整　53

エピソード1：やめてよ（5月24日）
【背景】4月〜5月のハルトとタクヤは，時折，虫探しや水遊びなど，やりたい遊びを共有して遊ぶ姿が見られた。この頃は，各々の好きな遊びが合致した際に一緒に遊ぶことが多く見られた。
【エピソード】ハルトとタクヤが，テラスに並べたトイに水とスーパーボールを流して遊んでいる。スーパーボールが端からピヨーンと飛び出してしまうため，ハルトとタクヤはあれこれと試行錯誤しながら，トイを作り直していた。タクヤがトイの一部を取り除こうとしたとき，ハルトは「もう，タクヤくんやめて。これはこうしたいの」と周囲にいたナオ，マリ，レナも驚くほどの声で叫んでいた。タクヤは，黙ったままトイを戻して水を流し続けていた（①）。

【考察】ハルトの遊びのイメージがタクヤの行動によって崩れてしまったため，「やめて」と大きな声でタクヤを制していた。その声は，周囲にいたナオ，マリ，レナだけでなく，私も思わず驚いてしまったが，タクヤはハルトの声に驚きつつも（情動）黙って我慢をし，トイを元に戻して黙々とトイに水を流し続けることで情動を調整しているように見えた（①）。これは，タクヤが黙々とトイを戻して水を流し続け，注意をハルトではなくトイに向けているという行為が，Gross（2016）の注意転換の情動調整に相当するためここでは，注意転換の情動調整と捉えている。

エピソード2：一緒に遊ぼうとしないタクヤ（6月7日）
【背景】5月末頃からハルトとタクヤは，一緒に遊ぶことが多く見られ，ハルトがタクヤを遊びに誘うことが多かった。ハルトはタクヤの登園を心待ちにしながら，黙々と細長い筒をつなげたり，牛乳パックに色を塗ったりして剣とベルトを作っていた。
【エピソード】タクヤが登園してくると，ハルトは，とても嬉しそうに作っていたベルトと剣を見せながら「これ作っとるよ。作ろう」と誘っていたが，タクヤはチラッと見ただけで去ってしまった（②）。

【考察】ハルトはタクヤを自分の遊びに誘うが，タクヤはチラッと見ただけで行ってしまう。先週まで，ハルトとタクヤはいつも一緒に水遊びや虫探しをしていたため，私は，何かあったのか，他の遊びがしたかったのか，と感じたのだが，副園長先生によると，タクヤがハルトの誘いに何も応えずに去ってしまったことは，実は工作することがあまり得意ではないと感じているタクヤにとって「ぼくには，作れないかもしれない」という不安感や焦り，自信のなさ，作ることへの抵抗感の表れではないかとのことだった。タクヤがチラッと見て去ったことは，不安感や焦りなどの情動が表出される前にタクヤ自身がやろうとしない（ハルトの誘いに乗らない）ことを選択しているため状況選択の情動調整と判断した。

エピソード3：僕がやったんじゃないよ（6月7日）
【背景】雨が降り始めても，子どもたちはキリン組で作ったものを手に持って外で海賊ごっこをして遊んでいたが，雨が降り始めたため，室内で遊び始めた。
【エピソード】（省略）ハルトとタクヤは，遊戯室で大きな積み木を一緒に抱えて運びながら一つ一つ丁寧に並べている。薄くて長い板を運ぶときには，一枚の板の両端をそれぞれ持って協力して運んでいる。ところが，運んでいる時に，タクヤが，板をおとしてしまいその衝撃でとても大きい音がしてしまったため，ハルトは，びっくりして思わず「おとさんでよ」とタクヤに怒っていた。タクヤは，「僕がやったんじゃないよ」と言って，どうしてこうなったのかをハルトに説明し始めた。（省略）再び，ハルトとタクヤは笑顔で板を運んでいた（③）。

【考察】エピソード2の後の出来事のエピソード3では，タクヤは，ハルトの言葉に対して自分自身の気持ち（事実）を伝えている姿が見られた。タクヤは，事実を伝えることで，自分の気持ちを理解してもらいたいと感じているようだった。エピソード1でのハルトの口調は「やめて」と，きついように感じられたが，エピソード3では，タクヤの説明に耳を傾け納得していることから，ハルト自身は，特に「おとさんでよ」ときつい言い方をしたわけ

ではなく，自分の気持ちを素直に伝えたにすぎないと推測できる。ハルトが笑顔で遊びを再開していることからも，自分の感情を言葉で表現しつつ，タクヤの説明に耳を傾け理解しようとしており，この情動調整は，ハルトの情動（怒り）に対してタクヤがハルトに事実を伝え，ハルトも納得して自分の情動（怒り）を修正し応答的に調整していることが示唆される。したがって，これはハルトの応答的な情動調整（③）といえるのではないか。

このエピソード3では，私から見るとこれまでのタクヤは，ハルトに対して自分の気持ちをなかなか言えなかったが，タクヤは意を決してハルトに「ぼくがやったんじゃないよ」と伝えているように見えた。その言葉に動かされたため，ハルトは情動を調整できたのではないかと思われる。

以上，5月〜6月初旬までの情動調整をGrossの情動調整方略を参考に見てきたところ，ハルトとタクヤはエピソード1，2，3において，相互的というよりもむしろ，一方向的な個人によって情動調整していることが考えられる。

第4節　接面の視点に基づく友達との関係性における年長児の情動調整

第1項　同調的な情動調整

鯨岡（2014）によると，接面とは人と人のあいだで創られるものであり，二者間の相互作用で見られる接面では，2人の行動的事実だけではなく，一方（二者間の）の内部でいろいろな気持ちや感情（情動）が，もう一方にも伝わり，そのとき自分の心の中でもさまざまな思いや感情（情動）が動いているのが実感されるという。ここでは，観察において捉えることのできたハルトとタクヤのあいだに生じた接面を読み取り，友達関係でどのように情動調整しているのかをみていく。接面と読み取った場面には，波線を引きカタカ

ナで記している。

> **エピソード4：自分が飼うって言ったんやで（6月14日）**
> 【背景】ハルトは，タクヤの登園を待ちながら園庭のレストランでモモ，レイナ，ユラ，マオたちと石鹸を泡立ててクリームを作っていた。ハルトはタクヤが登園していることをタクヤの妹から聞くと，キリン組へ戻って行った。
> 【エピソード】ハルトは，タクヤが登園してきたことが嬉しいようで，ニコニコしながらタクヤに話しかけている。しかし，タクヤは，ハルトの方をあまり見ようとはしない。タクヤは，コガネムシの幼虫をペットボトルのキャップに入れたり，透明のコップに入れたりしているが，何も話そうとしない（④）。そばにいるハルトは，タクヤと同じように牛乳パックに砂を入れたり，コガネムシを見たりしている。タクヤが，突然，ハルトに「自分が飼うって言ったんやで，ちゃんと面倒見て」と大きな声で言っている。ハルトは，何も言い返さないが，タクヤは，怒った様子で，ジョウロを取りに行き水を汲みに行ってしまった（⑤）。タクヤが行ったあと，ハルトは「今日は，機嫌が悪いなあ」とぼそっと言っている。
> （省略）
> 　タクヤは，ジョウロを手に，ゴーヤが植えてあるところに行き，「もう，誰もやらんから水やらんと」と怒りながら水やりをしている。そのすぐ近くで，ハルトが黒い飼育ケースをもって虫探しを始めていた。タクヤの水やりが終わるとハルトは，タクヤのところへ行き，自分が捕まえた虫を「コガネムシの幼虫のエサ」だと言ってタクヤに見せていた（⑦⑦）。

【考察】エピソード4のハルトは，タクヤが登園してくることを今か今かと楽しみに待ち構えていたが，タクヤが何も話さないことに不安を抱きながらも，同じ行動を取っていた。

　実は，この時タクヤはハルトがコガネムシの幼虫を飼うことを約束していたが，ハルトが世話をしなかったため，怒っていた。タクヤは，私には「コガネムシの幼虫」と目を輝かせて話してくれたのだが，ハルトの方をあまり見ようとせず，コガネムシの幼虫をペットボトルのキャップに入れたり，透明のコップに入れたりしていた。これは，情動を調整するためにハルトでは

なく，別の物へと注意を変える注意転換による情動調整（④）といえる。しかし，タクヤは怒った様子で，ジョウロを取りに行き水を汲みに行ってしまう（タクヤの状況修正による情動調整⑤）。ハルトが，タクヤに「ちゃんと面倒を見るって言ったんやで…」と言われても，言い返さなかったのは，タクヤが言ったことが正しいとハルトが感じ，内心「しまった」と思っていたことが推測できる。タクヤはクラスで飼っている生き物に対しても，その生き物に合った世話をするなど生き物を大切にしており，ハルトもそのタクヤを認めている。また，ハルトは「今日は機嫌が悪いなあ」とボソッと言いながら納得して反省しているようであった。

一方で，タクヤは怒りながら水やりをしていたが，ハルトがタクヤのそばへと行き，「コガネムシの幼虫のエサ」だと言ってタクヤに見せて寄り添うことでタクヤもモヤモヤ（情動）を調整できたのではないかと思われる（⑦）。これは，ハルトが怒っているタクヤの心の動きを察知し，そばに寄り添いながら自分の情動だけでなく，タクヤの情動も調整する同調的な情動調整（⑦）と捉えられるのではないか。

私には，タクヤがなぜ怒っているのか見当がつかなかったのだが，ハルトがタクヤと同じ行動をとることや，エサを探しに行くことが，ハルトが必死にタクヤの怒りを収めようとしているように感じられた。この必死さが，情動を調整することにつながっていったことが考えられる。

Gross（2016）は，個人が自分のみの情動調整を行うこととして捉えているのに対して，このハルトがしている同調的な情動調整は，ハルト個人の情動だけでなく，怒っているタクヤの情動も同時に調整しようとしている。つまり，同調的な情動調整は，「自分の情動調整」を試みている中で，「相手の情動」を見て（気づき）「自分だけでなく相手の情動」も同時に調整しようとするプロセスとして捉えられる。これは，タクヤとハルトの二者間の接面で起きており，接面で捉えたからこそ二人の情動調整が見えてきたといえる。この接面（⑦）は，自分が悪いと思っているハルトがタクヤの「気持ち（ハ

ルトがタクヤとの約束を破ってタクヤが怒っている）を掴み」，また「タクヤの気持ちがハルトの身に染み」その気持ちをハルトが何とかしようとしている接面と考えられる。

第2項　関係歴史的な情動調整

エピソード5：好きになってまったんやもん（7月19日）
【背景】私は，クワガタとカブトムシを見ているハルトとタクヤに「これなんていうクワガタ？」と聞きながらそばに座り，一緒にクワガタを見ていた。タクヤが「わからんけど，このクワガタ副園長先生のクワガタなんよ。副園長先生のところに飛んできたんやと‼」と楽しそうに教えてくれた。コウとシュウもやってきてカブトムシとクワガタを闘わせ始めた。
【エピソード】カブトムシよりも小さめのクワガタは，大あごでカブトムシをはさもうとするが，カブトムシがクワガタを体で振り飛ばしているのを見た4人は，「すごい‼」と歓声を上げる。クワガタは，カブトムシに振り飛ばされるが，タクヤはそのクワガタをカブトムシに近づけ再び闘わせる。クワガタは，カブトムシから逃げずに果敢に立ち向かっていた。その姿を見て，タクヤが「かっこいい！ぼく，クワガタが好き」と興奮して言っている。ハルトは「えー，たくちゃんこの前，カブトムシが好きって言ったやん‼」と言うが，タクヤは「だって，ハルトのクワガタがかっこよすぎて，好きになってまったんやもん」とハルトに伝えていた。ハルトは，照れくさそうに「ならいいよ」と答えていた。④

【考察】エピソード5では，タクヤはクワガタを目の前にして興奮しており，素直な気持ちをハルトに伝えていたが，ハルトが「ならいいよ」と言った瞬間，ハルトがタクヤに気持ちを向け，タクヤもそれに応えた時に二人のあいだに接面が生まれたといえる。私は，自分の気持ちを素直にハルトに伝えていたタクヤと，その言葉をまっすぐに受け止めたハルトを見て，5月頃ハルトになかなか自分の気持ちを伝えられずにいたタクヤが，ハルトと好きな遊びを通して一緒に過ごす中で，ハルトもタクヤも同じ感動を共有したり，遊びの中で相手の言葉に耳を傾けることで互いを知るようになったりという経

験が接面を成立させたのだと感じた．これは，ハルトがタクヤに自分を認めてもらえたと感じて心が動かされた接面であり，まさにタクヤの気持ちがハルトに伝わったことで，これまで以上にハルトはタクヤを好きだと思い，タクヤもハルトを好きだと思うことにもつながっていったことが考えられる．

〈エピソード6〉：竹は登れんもん（9月5日）
【背景】園庭で子どもたちが，竹馬や竹登りの修行をしていた．竹馬も竹登りも簡単にはできず，子どもたちは，目標に向かってコツコツと練習していた．
【エピソード】タクヤとハルトが遊戯室で遊んでいる．タクヤは竹登りを始めるが，ハルトはそれをただ見ていた．タクヤが誘うが，「ぼく，竹は登れんもん」とつぶやき，（省略）竹くぐりの方へ行ってしまった．(⑧) タクヤもハルトの竹くぐりの方へ行く．ハルトとタクヤは，竹に当たらないようにくぐったり，跳んだりを繰り返していた．ところが，タクヤが跳んだ時に，足が竹に当たってしまい，支えも倒れてしまう．タクヤが，元に戻そうと腰をかがめた瞬間，ハルトの手がタクヤの頭辺りを直撃してしまった．ハルトはすぐに「すまん!!」と謝るが，タクヤは納得がいかず，「なんで，叩くの」と怒る．ハルトは，もう一度「ごめんね」と言うが，（省略）タクヤは，ハルトの背中をバン！と叩いてしまった．
　ハルトは，一瞬何が起こったのかを理解できなかったのか，手を握り締めて呆然としている．一方で，タクヤは元に戻した竹を跳び始めた．ハルトは，しばらくの間呆然とし，竹を跳ぶタクヤを見つめて，黙ったまま1階の方へ走って行ってしまった．しかし，5分後にタクヤがハルトのいるところへ行き，そばに寄っていた．(⑨) ハルトは笑顔で「タクヤくん，石ケン遊びしよう」とタクヤを誘っていた．

【考察】私には，「ぼく，竹は登れんもん」というハルトの言葉は，タクヤを尊敬する気持ちと，寂しさ，悔しさが混ざり合っており，複雑な心境であることが伝わってきた．ハルトは，この複雑な心境を調整（状況修正の情動調整⑧）するために竹くぐりの方へと行ったのだろう．このような複雑な心境で，たまたまハルトの手がタクヤの頭を直撃し，タクヤも叩き返す，まさに，糸をピーンと張りつめたような空気が流れ，私は2人のあいだに不穏な空気を

感じていた。ハルトは、遊戯室を出て行ってしまうが、タクヤも、一緒に遊んでいたハルトが黙って遊戯室を出て行ったことを見て気になったのか、ハルトの元へ行った。これは、状況に対する見方、考え方を変えて情動調整をしながら（認知的変化の情動調整⑨）ハルトの元へ行ったと考えられる。

　おおよそ6月上旬辺りまで、ハルトとタクヤは、何となく各々個人で情動調整をしていたが、エピソード6（⑧⑨）の情動調整は、日々のタクヤとハルトの関わり、例えば、エピソード5のようなタクヤとハルトの接面がハルトもタクヤも情動を調整しようとすることになっていることが推測できる。鯨岡（2016）は接面が生成された後、二者の対人関係を大きく動かしていくことを強調しているが、この情動調整はタクヤとハルトの接面によって、ケンカや行き違いがあったとしても、ハルトとタクヤが、互いに遊びたいと願い、情動を調整しようとすることにつながっていると考えられる。

エピソード7：今度はみんなで倒そう（11月1日）

【背景】朝の登園時間に、ハルトは「タクヤくん、はよこんかな」と、なかなか来ないタクヤを下駄箱前と玄関前を行き来しながら待っていた。

【エピソード】ハルトは、下駄箱が見えるテラスでバッタを見ながらタクヤを今か今かと待っている。（省略）タクヤが登園すると、嬉しそうに駆け寄り（省略）「おっはよー‼」「割りばし鉄砲やる？タクヤくん」と、話しかけていた。タクヤは、カップを並べて割りばし鉄砲の6段ほどの的を作り、それに割りばし鉄砲のゴムを飛ばして倒す遊びを始める。ケイマとナオトも一緒に割りばし鉄砲で、その的を目がけてゴムを飛ばす。高く積まれたカップは、勢いよく崩れてしまった。ハルトが、「あーもー」と怒り始めた瞬間、タクヤが「いいよ、いいよ、作り直そう」と言って作り直し始めた。ハルトも「そうだね」と一緒に手伝っていた。ハルトは、「今度はみんなで、倒そう」と、先ほど作ったカップの上にティッシュの空き箱をのせて、より高くなった的を一緒に倒すようにケイマとナオトに言っていた。⑩

【考察】ハルトとタクヤは二人の関係に居心地の良さ、好きだ、楽しいなど

の情動を感じている。この関係性は，互いにネガティブな情動を抱いた際，そのネガティブな感情をポジティブな感情に変容する力さえも発揮していることが，エピソード7からも推測される。エピソード7の場合，ハルトは自分が作った的をケイマとナオトに崩されてしまい「あーもー」と瞬間的に情動を表出するが，タクヤの「いいよ，いいよ，作り直そう」という一言で，「そうだね」と情動を調整している。また，「今度はみんなで，倒そう」とケイマとナオトに対しても肯定的な関わりをしており，これは接面の当事者同士（ハルトとタクヤ）の関係の歴史が刻み込まれている（鯨岡，2016）関係歴史的な情動調整といえる。これは，単に個人の情動調整ではなく，情動調整を相互にし続ける関係性がある中でなされる情動調整⑩といえる。

　つまり，ハルトとタクヤのあいだで生じた接面（エピソード5の④）は，ハルトがタクヤを受け入れ，また，タクヤもハルトを受け入れ，互いに好意的になり，信頼し合うことにつながり，情動調整をしていくことになったのではないかと思われる。ただ，単純にエピソード5で好意的になったからではなく，これまでの園生活の中で，ハルトとタクヤは仲良く遊ぶだけでなく，ぶつかり合いながらも，互いに分かろうとし合う中で相手の気持ちを実感してきた接面があり，このように2人で培ってきた継続的（歴史的）な関係が，情動を調整しようとすることになったと考えられる。したがって，エピソード7での情動調整は，これまでのハルトとタクヤの歴史が刻み込まれた関係性の中でこそ生じる関係歴史的な情動調整といえる。

〈エピソード8〉：友達だから守る（3月6日）
【考察】3学期になると，ハルトは，タクヤが欠席のときに，私にハルトが早く元気になるよう「お参りしたい」と話していた。タクヤも「タクヤとハルトはけんかもするけど，すぐ仲直りするもんね」と私にも話し，私は2人が互いに必要とする存在であることを実感していた。
【エピソード】ハルトとタクヤが小山で穴を掘っていると，一部分の土が濃くなっており，それを見て，タクヤが「この焦げているのは，昔火山があったからや

ね」とハルトに言っていた。ハルトは,「そうだね!! マサトくん,ここ火山があったんやない?」とマサトに,濃い色の土を指して話していた。マサトは「へー?」と不思議そうに答えていた。
　しばらく掘り続けていると,マサトが,「そこやめて!!」と大声を出した。ハルトとタクヤは,何のことかわからず,何があったの? というような表情で周りを見ていた。マサトは,「そこ,山,作ってるんやで踏まんでよ」と,ハルトが踏んでいる小さな山を指して,ハルトに言った。そのことに気付いたハルトは,「あ,ごめん」と謝るが,セイヤが,「だめやて」と,スコップでハルトを叩いてしまう。タクヤは,「やめて,友達いじめたって先生に言うよ」とハルトの前に立ち,かばうような姿勢をとっていた。(省略) 少し経ってからタクヤはハルトに「友達だから守る」と話していた。ハルトは何も応えなかったが笑顔だった。⑰

【考察】観察の当初は,ハルトもタクヤも互いに自分の言いたいことを上手く言えず,苛立ちを表したり,一方的に大声で「やめて」と伝えたりするなど,情動表出も調整も一方向的であった。しかし,接面を捉えることでみえてきたハルトとタクヤの情動調整は,互いに情動を調整し続け合う関係性を築き,この関係性は,タクヤとハルトがこれまで刻んできた歴史が下地となっている。二人は,互いに情動調整しながら友達と認め,好きという感情を抱き,それが,接面も生じやすくなっている。エピソード8の接面(⑰)は,ハルトとタクヤが日々,共に過ごす中で,築き上げてきた関係が「友達だから守る」という思いになったのだろう。

第5節　第4章のまとめ

　本章では,Grossの情動調整方略を参考に,友達関係において年長児がどのように情動調整をしているのかを検討してきた。さらには,鯨岡の接面に着目し,友達関係に生じた接面を捉え,そこでなされた情動調整を明らかにすることで,先行研究では得られなかった一方向的ではない,相互的な情動

調整が見出され以下の知見が得られた。

　まず，1年間の観察を通して，ハルトとタクヤに「注意転換」「状況選択」「状況修正」「応答調整」「認知的変化」の5つの情動調整方略が見られた。エピソードの1，2，3では，ハルトとタクヤは「注意転換」「状況選択」「応答調整」の情動調整をしており，その情動調整は一方向的で個人によって行われた情動調整と捉えられる。しかし，これらの情動調整の場面を鯨岡の「接面」として捉えることで，Grossの述べる情動調整とは異なる面を明らかにすることができた。まとめると，以下のようになる。

　Grossは，情動調整方略を人と人との関係性の中で捉えているのではなく，一方向的な個人の情動調整と捉えている。しかし，本章では，接面に視点を置いたことによって，新たな子どもの情動調整が明らかとなり，これまでの方略では捉えられていない「同調的な情動調整」と「関係歴史的な情動調整」の知見が得られた。

　「同調的な情動調整」では，「自分の情動調整」を試みている中で，「相手の情動」を見て（気づき）「自分だけでなく相手の情動」も同時に調整しようとするプロセスとして捉えることができる。Grossが情動調整を個人が行うこととして捉えているのに対して，「同調的な情動調整」は，二者のあいだの接面に視点を置くことでみえてきた情動調整といえる。Fonagy（2008）が，養育者は子どもの情動に共感・同調しながら子どもの調整を助けることで，子どもも情動調整をするようになると述べているが，本章では，子ども同士が相手の情動に同調しながら調整し合っていることは，新たな知見といえる。

　また，倉持（1999）らは，集団形成の視点から直接的・間接的な関わりの積み重ね，つまり「関わりの歴史」が，子どもは他の子を，例えば"遊びたい子"と認識するようになると述べているが，本章では約1年を通したハルトとタクヤの二者の関係の歴史の中で相手の情動を調整し，相手のために自分の情動を調整しようとする様々な情動調整が展開されていることは，本章において新しく示唆される点だといえるだろう。

第5章　批判的な関わりにもかかわらずセイヤは なぜ情動を調整できたのか

　第4章では，子ども同士の関係性の中で，Grossの情動調整方略を使った情動調整だけでなく，関係歴史的な情動調整と同調的な情動調整が見出された。つまり，子どもたちの関係性に着目し，接面を捉えることで自分だけのためではなく，相手のために情動を調整していることが示唆された。子どもたちは，この他にも，様々な形で情動調整をしていることが推測される。第5章では，さらに，子ども同士の接面に着目し，友達関係においてどのような情動調整が行われているのかを検討する。本章では特に，友達の批判的な関わりであるにもかかわらず子どもがなぜ情動を調整できたのかを接面を通して見ていく。

第1節　批判的な関わりにもかかわらず「情動を調整できたのはなぜか」を明らかにする

　本章では筆者が，実際に保育に関与しながら観察を行う中で，子どもがネガティブであれ，ポジティブであれ，情動を表出し調整したり，他者（保育者や友達など）に調整されたりという様々な現象に出会った。その中であるエピソードから，「ネガティブな情動を表出したセイヤは，友達から突き放されたにもかかわらず，なぜ情動を調整できたのか」という問いが導き出された。
　これまでの研究では，子どものネガティブな情動や感情を保育者の援助によって調整することが報告されているが，第4章では，友達関係の中で友達に助けられながら子ども自身が自分で調整することを明らかにした。第4章

のハルトとタクヤは，互いに情動を調整し合い，さらには，園生活において築いてきた相互的な関係において，情動を調整することが見出された。しかし，このセイヤのエピソードでは，友達に助けられているのではなく，突き放されているにもかかわらず情動を調整している。このなぜなのかという問い（現象）（藤井, 2010）を明らかにするためには，子どもを観察し客観的に考察するのではなく，筆者が関与観察において間主観的（相手の気持ちの動きが感じられる，わかる）に把握（鯨岡, 2016）したことを検討することで，セイヤと友達との間で生じていること（なぜ，突き放されているにもかかわらず情動を調整できたのか）を明らかにすることができると考える。したがって，この問いを間主観的に把握し，検討することが本章の目的である。

　この問いを検討するにあたって，本章では突き放す行動（田中, 2013）に着目する。この突き放す行動は，一見すると，子どもの行動を否定したり，子どもの要求を突き放したりする関わりに見えるが，実は，子どもに"混乱の落ち着き""悲しみ・悔しさの助長""情動の出し方の転換"という変化をもたらす。この関わりが，子ども自身が自律的に情動を調整するきっかけとなる。

　本章における問いでの友達からの突き放す行動は，田中が示している突き放す行動とは質が異なる。本章の問いでの友達からの突き放す行動には，セイヤに対する教育的意図はなく，むしろ，筆者からするとセイヤが「いじわる」をされているようにさえ感じられる。それにもかかわらず，セイヤはなぜネガティブな情動を調整できたのだろうか，を明らかにするために，本章においても子ども同士の接面に着目する。

　すなわち，この子ども同士の接面に着目しながら「ネガティブな情動を表出したセイヤは，友達から突き放されたにもかかわらず，なぜ情動を調整できたのか」の問いについて筆者が間主観的に把握したことを記述し検討する。

第2節　研究方法

第1項　ネガティブな情動を表出するセイヤ―研究協力者

研究協力園は，第4章と同様A認定こども園（以下，A園）であり，研究協力者は，年長キリン組（保育教諭2名と子ども22名）の子どもである。本章では，ネガティブな情動を表出していたセイヤに着目した。詳細は以下に記す。

第2項　エピソードの抽出手順と方法

本章では，年長キリン組の保育を観察する過程で子どもの遊び場面において「できん（できないの意味）」と不安や苛立ちの情動を抱いているセイヤに注目した。ネガティブな情動が生じた際，多くの年長児は自律的に内在的な情動調整をしていたが，セイヤは自身に生じたネガティブな情動を周囲の友達に助けられながら外在的に調整することが多く，セイヤの友達との関係性における情動調整を検討することができると推測した。特に本稿で取り上げた「縄跳びができない」と「フラフープができない」の2つのエピソードは，セイヤと友達とのやりとりの中で友達のセイヤに対する言動が筆者にとっては突き放しているように感じられたにもかかわらず，セイヤは徐々に情動を調整していったことに疑問が生じた。そこで，この友達からの突き放す行動は，田中（2013）が示す教師による突き放す行動と類似した機能（役割）があり，田中の理論を参考にしながら，セイヤと友達とのあいだの接面に着目することでセイヤがなぜ情動を調整できたのかを考察する。セイヤの情動調整に関するエピソードは8つあり（表5-1に記す），その多くは友達と保育教諭の助けを借りながら調整しており，その中から友達からの突き放す行動によって情動調整をしていた「縄跳びができない」と「フラフープができな

い」のエピソードを選出し，残りの6つのエピソードは，突き放す行動による情動調整ではないため除外した。

　記録は，保育での子どもの様子をデジタルカメラで撮影した写真記録（全1824枚のうち，セイヤとケンタの関係性を示すものは8枚，セイヤとナオカの関係性を示すものは6枚）による。また，これらの記録をもとにその日の関与観察において筆者にとって印象深かったこと，心が揺さぶられたことなどの心に残ったものをエピソード記録としてA4用紙2～3枚にまとめた。このエピソード記録から，セイヤが突き放す行動に対して情動を調整している「縄跳びができない」と「フラフープができない」のエピソードを選択した。

表5-1　セイヤの情動と調整に関するエピソード

日	エピソード	私が読み取ったセイヤの情動	私が読み取ったセイヤの情動調整
①5/31	仲間に入れてもらえない	自分だけ仲間に入れてもらえないことに怒る	その場を離れ別の遊びを始める
②6/14	八つ当たりをされる	「もう、やめて」と怒られ、「何もしてない」と怒る	傍に居た女の子らに慰められ安定する
③10/4	縄跳びができない	「できん」と不安になっている	教えてもらい跳べたことで不安を解消
④10/11	タイシとのいざこざ	「何でやってくれないの」と自分の思いが通らず怒る	タイシがセイヤの意見を受け入れることでセイヤが落ち着く
⑤11/15	フリースビーができない	自分だけがうまくできず苛立っている	保育教諭に「友達に教えてもらったら」と言われ教えてもらう
⑥12/13	このチームは嫌だ	黙ってうつむいてサッカーをやめる	保育教諭に「自分で言ってごらん」と言われ気持ちを伝える
⑦1/31	フラフープができない	修行の邪魔をされ，上手くいかず泣いている	ナオカに笑われ泣き止む
⑧3/6	作っていた山を踏まれる	作った山を守るため，「だめやて」とタクヤを叩く	一緒に山を作っていた友達に気持ちを伝えたことで落ち着く

　分析方法は，セイヤが友達からの突き放す行動によって情動調整をしていた2つのエピソード記述をもとに，セイヤが友達に突き放されながらもなぜ

第 5 章　批判的な関わりにもかかわらずセイヤはなぜ情動を調整できたのか　69

情動を調整できたのかを，セイヤと友達とのあいだの接面を捉え考察する。

第 3 節　ケンタからの「突き放す」行動に対するセイヤの情動調整

　本章の問いである「ネガティブな情動を表出したセイヤは，友達から突き放されたにもかかわらず，なぜ情動を調整できたのか」を中心に，2 つの事例から読み取れた友達からの突き放す行動に対して，セイヤがなぜ情動を調整できたのかを子どもたちの接面に着目し，間主観的に考察する。

　A 園では，子どもが簡単にはできないがやってみたいと思うような遊び環境が常に構成されており，子どもも"修行"と言いながら様々な遊びに日々コツコツと取り組んでいる。日々の修行（遊び）の中で，「できるようになりたい」と思い縄跳び（単縄跳び）やフラフープなどに挑戦しているがなかなか思い通りにはいかず，すぐに「できん」と苛立ち，不安を感じているセイヤのエピソードを取り上げ，セイヤが苛立ちや不安などの情動をどのように調整できたかを考察する。

　本節では，筆者ではなく関与観察している当事者の"私"と記す。

第 1 項　セイヤとケンタの関係性

　まず，エピソードの前までに観察されたセイヤとケンタの関係性を関与観察で得たエピソード記録と写真記録をもとに記す。

〈5 月 24 日の記録より抜粋〉

> 　リュウト，ケンタ，ハルノ，セイヤが砂場で山を作り，穴を掘ってそこへ水を流したり，雨樋を差し込んだりしている。そこへ，ケンタがビールケースを 2 つ持ってきて積み重ね，雨樋を置き，そこから水を流し始める。水がたまった穴へ，セイヤがじょうろで水を流すが，ケンタが「ひきょうだ！」と笑顔で言っている。それでもセイヤは，水を流す。そのたびに，ケンタは「ひきょうだ！」と繰り返

す。セイヤはじょうろで水を流し終わると，ケンタの「ひきょうだ」の言葉に返すように「ぜっこうちょう！」と笑顔で言った。(省略) ケンタ，セイヤが板の上に砂山を作り，セイヤが山の上を歩きながら，「これは岩山だから」と言いながらその山を飛び越えた。すると，ケンタが「岩山だからよけないとね」と言っていた。

　ケンタは，笑顔で「ひきょうだ！」と言っており，ケンタの笑顔はセイヤの行為を受け入れつつも，言葉では自分が持ってきたビールケースをセイヤに勝手に使われ，やめて欲しいと思っているように感じられた。私には，ケンタが葛藤しつつも折り合いをつけている（情動調整）ようにも思えた。その後，一緒に山を作る場面からは，セイヤとケンタは相互に言いたいことを言うことができる関係のようにも見えた。

〈写真記録より抜粋〉

6月7日：セイヤとケンタは，園庭の土山で穴を掘って遊んでいた。
6月14日：プール遊びで，セイヤとケンタは寒くなったため，一緒に暖かくなったテラスに寝ころんで暖を取っていた。
6月21日：セイヤとケンタは，保育室でお化け屋敷を作っていた。
6月28日：ケンタが膨らませて，コンクリート面に落ちてきたシャボン玉をセイヤがつかまえて遊んでいた。
7月5日：セイヤとケンタは園庭で水鉄砲を使って遊んでいた。
7月12日：セイヤとケンタとナオカは，紙コップタワーをゴム鉄砲で倒して遊んでいた。
7月19日：セイヤとケンタはテラスで，雨樋のスライダーを作って遊んでいた。
9月5日：セイヤとケンタ，コウたちと砂場で，竹登りの修業をしていた。

　5月24日の記録は，エピソード1よりも約5か月前の事例である。この事例からは，セイヤとケンタが互いに言いたいことを言い合える仲であることがわかる。しかし，私は，この事例を観察した際に，ケンタの「ひきょうだ！」という言葉にドキッとした。この言葉にセイヤが傷つくと考えたから

である。しかし，セイヤは，気にもせず「ぜっこうちょう！」と答えており，セイヤとケンタは，思っていることを言い合いながらも，折り合いをつけながら望んで一緒に遊んでいることがわかる。また，写真記録にもあるように，ケンタとセイヤは，エピソード1までに，一緒に遊ぶ姿が見られ，2人の関係性は継続している。

第2項　ケンタの「突き放す」行動に対する考察
　　　　　─解釈とゆらぎと捉え直し

　私は，セイヤとケンタらが縄跳びをしているところに近づくと，セイヤが不安な顔で私に「できん」と訴えてきた。私が心配していると，ケンタが私にとっては「冷たい」と感じられるような突き放す行動をセイヤに取っていた。しかし，突き放されたにもかかわらず，セイヤは不安な情動を調整しており，なぜ，セイヤが情動を調整できたのか疑問が生じ，この事例を取り上げた。エピソード中の接面①，接面②は，情動調整を解釈していく上でポイントとなっている場（接面）として記したものである。

エピソード1：縄跳びができん（10月4日）
【背景】運動会は終わったが，子どもたちはさらに上を目指し竹馬や竹登りの修行をしていた。セイヤも竹登りや，縄跳び，フラフープ，また，他の遊びにも関心を持ち，挑戦していることが多く見られた。しかし，セイヤは挑戦してはみるもののすぐに「できん」と不安や苛立ちを表していた。
【エピソード】
　場面ア：園庭で，セイヤ，ハルノ，ソウマ，ケンタが縄跳びをしていた。ハルノ，ソウマ，ケンタは何回も跳べるが，セイヤは，1回がやっとで，「跳べないんだよ～」と，挑戦しながら泣きそうな表情で言っていた。ケンタは，「跳べないの？　こんなの簡単」と言ったり（接面①），ハルノは「思い切り跳んだら」とアドバイスしたりしていたが，セイヤはプレッシャーに感じたのか，ますます

跳べなくなっていた。私は，思わず「大丈夫？ セイヤくん」と声を掛けながら，跳べるように手を差し伸べたい，周りの子どもたちももう少し優しく言ってあげればいいのに，「みんな冷たいのね」と感じていた。セイヤは「跳べないのは，帽子が邪魔なのかも」，「でもかぶらなきゃ」，と混乱していた。セイヤはカラー帽子を脱いで，縄跳びを跳び始めるが，ケンタに「熱中症になるよ，帽子！」と言われ，「だって，引っかかるんやもん」とセイヤはますます混乱していた。（省略）

　場面イ：そこへ，竹馬の修行をしながらセイヤたちの様子を伺っていたシンが，セイヤのところにやってきて，セイヤの縄跳びを借りて「こうやって跳ぶと，跳べるようになるよ」と，縄跳びを跳びながらアドバイスをした。セイヤは縄跳びをシンから受け取り，再び跳び始めると<u>何度か跳ぶことができ，シンに「シンちゃん，跳べた」と笑顔で言う（情動調整）</u>。シンは「もっと，跳べるようになるよ」と，セイヤが跳ぶところを見守っている。次は，5回くらいだった。シンは，「思い切り，えいって何度もやってみ」とアドバイスをする。次は，2回ほどだったが，シンはセイヤが跳ぶところを見続けている。シンが，「1，2…」と数えるとセイヤは17回まで跳ぶことができた。シンは，笑顔で「ほらね」と言って，また，竹馬の修行へと戻って行った。

　私は，シンがセイヤに縄跳びの跳び方を教えているところを見て内心ホッとし，さらにセイヤが跳べるようになって嬉しく思った。最初は，「跳べないの？こんなの簡単」と言っていたケンタも，<u><u>シンとセイヤのやりとりを見ており，「跳べたね！一緒にやろう」と言った。セイヤはカラー帽子をかぶり，ケンタと縄跳びを跳び始めた。（接面②）</u></u>私は，優しいシンくんがいて良かったと思っていたが，その場面をずっとみていたケンタが，セイヤと一緒に跳び始め，ケンタもセイヤのことをずっと気にしていたのだなと，カラー帽子をかぶっているセイヤを見ながら感じた。

※一重線はセイヤの情動調整，二重線は接面を示す

1）子どもの位置関係の変容

　エピソード1では，セイヤ，ケンタ，ソウマ，ハルノ，シンの位置関係に顕著な変化があったため位置関係を図5-1と図5-2に示す。

第5章　批判的な関わりにもかかわらずセイヤはなぜ情動を調整できたのか　73

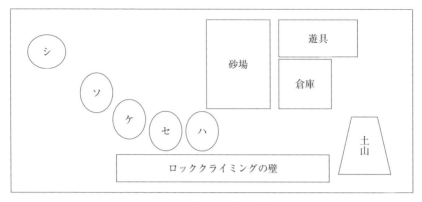

図 5-1　場面アの位置関係
左側から：シ…シン，ソ…ソウマ，ケ…ケンタ，セ…セイヤ，ハ…ハルノ
シン……竹馬をしている／ケンタ，ソウマ，セイヤ，ハルノ……縄跳びをしている

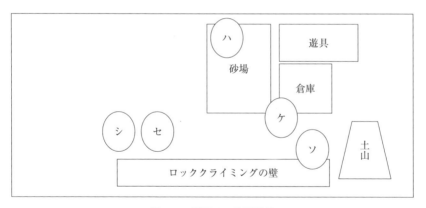

図 5-2　場面イの位置関係
セイヤ，シン…シンがセイヤに縄跳びを教えている／ケンタ…三角コーンにまたがってセイヤとシンを見ている／ソウマ…ロッククライミングをしている／ハルノ…砂場で遊び始める

①突き放す行動に対する私の最初の解釈

　まず，セイヤとケンタの最初のやりとりを，接面①として考察する。私は，セイヤがケンタの突き放すような言葉によって，ますます「できない」という不安に追い詰められているようにみえた。さらには，このような状況が縄跳びを跳べるようになることを遠ざけているようにも伺え，「ケンタくん冷

たいのね」とただ批判的な突き放す言葉として捉え（接面①），セイヤに手を差し伸べたいと思っていた。そこへ，救世主ともいえるシンが颯爽と現れ，シンの的確で優しいアドバイスのお陰かセイヤは情動を調整し縄跳びを跳ぶことができ，私は，「シンくんは親切でいい子で良かった」と感じていた。

②突き放す行動に対する私の解釈のゆらぎ

　ところが，セイヤとシンのやりとりを遠目でみていたケンタがセイヤのところにやって来て「跳べたね！一緒にやろう」と言い，セイヤも自信を持ってケンタと縄跳びを跳び始めた。私はこの時，ケンタはセイヤのことをまったく気にしていないわけではなく，ずっと気にしていたことに気付き，実は，セイヤのことを心配して見ていたのではないかと最初の解釈にゆらぎを感じた。そこで，ケンタが最初の時点でセイヤに対してどう思っていたのかを捉え直す。

③突き放す行動の捉え直し

　セイヤとケンタの接面①で，ケンタがセイヤに対して最初に言った「跳べないの？こんなの簡単」の意味を捉え直す。最初の私は，この二人の場面だけでは，ケンタの言動を批判的な突き放す行動と捉え「冷たいのね」と感じていたが，ケンタがセイヤのことを見守っていた（接面②）ことから，ケンタがセイヤに対して気持ちを向けていた接面と，捉え直した。つまり，私が冷たいと感じた「こんなの簡単」というケンタの突き放す行動は，意地悪で言っているのではなく，「そんなすぐにできんって言わないで，もう少し頑張ってみたら」という気持ちが込められた突き放す行動と捉え直すことができ，セイヤも「もっと頑張ろう」と奮起したといえるのではないか。ただ，「10月のエピソードに至るまでのセイヤとケンタの関係性」において述べたように，セイヤとケンタは相互に言いたいことを言うことができる関係でもあることからも，意地悪ではないが，「跳べないの？こんなの簡単」という

ケンタの言葉には，セイヤに対して「できないの？」という批判的な気持ちがあることを必ずしも否定はできない。しかし，ケンタが心配そうに見守っていることからもすべて批判しているとはいえないであろう。

　私は最初，シンの存在をセイヤの不安情動を調整してくれた救世主のように捉えていた。確かに，シンがセイヤの不安な気持ちを察しつつ，わざわざ自分の遊びを中断してまでセイヤに縄跳びを教えたことは，シンがセイヤに対してまなざしを向けていることであり，セイヤの気持ちに寄り添ったといえる。

　しかし，ここでセイヤが縄跳びを跳べるようになったのは，シンに教えてもらったことだけではなく，ケンタがセイヤに対して「跳べないの？こんなの簡単」という突き放す行動により，セイヤが「もっと頑張ろう」というやる気を引き出したことと，シンの助言の相乗効果によるものではないかとも考えられる。

　以上のことから，ケンタの一見冷たいとも思えるような突き放す言葉（接面①）を発したケンタが，セイヤとシンの縄跳びを見守り続け気持ちを寄せようとしていた（接面②）として捉えることで，ケンタはセイヤを批判的に見ていただけでなく，心配し励まそうとしていたことに気付いた。私には，ケンタのセイヤへの突き放す行動と裏腹に，実は，ケンタがセイヤを見守り続けていたという行動には，ケンタの無意識的ではあるかもしれないが，優しさが感じられた。だからこそセイヤは，シンのアドバイスだけでなく，ケンタのセイヤに対する突き放す行動により奮起し，結果的に縄跳びを跳ぶことができ，不安の情動も調整できたのではないかと捉え直すことができた。

　鯨岡が接面とは人と人が関わる中で，相手に（相互に）気持ちを向けた時に，両者のあいだに生まれる独特の空間や雰囲気をもった場とし，接面では，接面の当事者間にさまざまな正負の気持ちや情動の動きが行き交っていると述べている。まさに，ケンタはセイヤに対して「こんなの簡単」と負の気持ちとも思えるような言葉を掛けてはいるが，その言葉はセイヤに対して気持

ちを向けていることから生じているものであり，セイヤとケンタのあいだに生成されている，批判だけではない励ましや，優しさ，心配などの気持ちが交差した接面といえよう。そして，ケンタとセイヤのやりとりを正負の気持ちや情動の動きが行き交う接面に着目することで，ケンタの言動は批判だけではない励ましや優しさの意味が込められた突き放す行動であり，セイヤの奮起を促していると捉えることができる。

第4節　ナオカの「突き放す」行動に対してのセイヤの情動調整

次に，ナオカからの「突き放す」行動に対するセイヤの情動調整に関するエピソードである「フラフープができん」のエピソードを取り上げ考察する。ここでも，エピソード1と同様に，エピソード以前のセイヤとナオカの関係性と，エピソード2を提示し，考察していく。

第1項　セイヤとナオカの関係性

まず，エピソードの前までに観察されたセイヤとナオカの関係性の一部を関与観察で得たエピソード記録と写真記録をもとに以下に記す。

〈6月14日の記録より抜粋〉

> 突然，タクヤがハルトに怒り出し，水を汲みに行ってしまった。(省略) ハルトは「今日は，機嫌が悪いなあ」とぼそっと言っている。しかし，近くにいたセイヤに，「もう，ここにおらんといて。やってるんやで」と怒っていた。(省略) ハルトは，たまたまそばにいたセイヤにイライラをぶつけ，セイヤは「何でぼくが怒られるの？」と言いたげだったが，一緒に遊んでいたナオカたちに，セイヤのことを「かわいい赤ちゃんよしよし」と言われ，セイヤも「バブバブ」と赤ちゃんになり切って甘えていた。
> 　セイヤにとっては，理不尽なことをハルトに言われていたが，その気持ちを遊

びの中で友達が和らげてくれ，情動を調整していた。特に，ナオカはハルトや他の友達にセイヤが納得できないような言われ方をしていると，擁護することが多くセイヤもナオカに甘えている。

〈写真記録より抜粋〉

4月26日：園庭のヨモギを摘み，ヨモギ団子作りをしていた。
6月28日：セイヤとナオカは一緒に友達の水族館作りを見ていた。
7月12日：セイヤとナオカとケンタは，紙コップタワーをゴム鉄砲で倒して遊んでいた。
10月25日：セイヤとナオカは，一緒にドッジボールのボールを選んでいた。
11月8日：相撲をしているナオカとマナの取り組みで，セイヤは必死にナオカを応援していた。
1月10日：セイヤとナオカは，保育室でけん玉の修業をしていた。

6月14日の記録では，セイヤがハルトにイライラをぶつけられても，ナオカに慰められセイヤが気持ちを切り替えている。このように，セイヤにとってナオカは，何か悲しいことや辛いことがあっても，助けてもらえる関係であり，この記録（6月14日）は，エピソード1よりも約7か月前の事例ではあるが，エピソード2の前辺りまでは，このような関係が継続していた。写真記録においてもセイヤとナオカが，時折，一緒に遊ぶ姿が確認できる。

第2項　ナオカからの「突き放す」に対する考察
　　　　―解釈とゆらぎと捉え直し

　エピソード2（1月31日）の頃に，私が，子どもたちがフラフープや縄跳びなどの修行を一生懸命取り組んでいる姿を見ていると，子どもたちに「ねえ，見てて」や「縄跳び数えて」と声を掛けられ，「すごいね」と褒めたり，数を数えたりしていた。セイヤとタクヤも修行に励んでおり，その真剣さに

魅了されていた。しかし，セイヤが突然泣き始めたため，私が慰めようとしていた時に，セイヤはナオカの言葉で情動を調整していた。この事例においても，突き放されたにもかかわらず，セイヤは不安な情動を調整しており，私はなぜ，セイヤが情動調整できたのかを明らかにしたいと考え，本事例を取り上げた。エピソード1と同様に，エピソード中の接面①，接面②は，情動調整を解釈していく上でポイントとなっている場（接面）として記している。

エピソード2：フラフープができん（1月31日）

【背景】もうすぐ，自分の得意なことを保護者に披露するという"生活お楽しみ会"があり，キリン組の子どもたちは，毎日のようにフラフープや鉄棒，竹馬，一輪車，跳び箱などの修行をしていた。セイヤとタクヤも，"先生のお部屋"の前で，セイヤはフラフープ，タクヤは縄跳びの修行に励んでいる。セイヤとタクヤは，同じ音楽に合わせてそれぞれ縄跳びを跳び，フラフープを回していた。セイヤは，5回くらい回すとフラフープが下に落ちてしまい，そのたびに，悔しそうでうまく回せないという気持ちが表情に表れていた。何度も回すうちに，表情だけでなく，身体の動きにも変化（必死に回そうと身体をひねったり，ひざで止めようとする）が表れ"もっと長く回したい"と伝わってきた。

【エピソード】セイヤとタクヤが，音楽に合わせながら，フラフープと縄跳びをしていると，途中でうさぎ組（年中）の男の子，タケトがやってきてCDデッキの前に座り込み，セイヤとタクヤの動きをじっと見ていた。私が，「やってみたいのかな」と見ていると，突然，CDの停止ボタンを押してしまった。セイヤとタクヤは「これは触らないの」と言っていたが，何度も繰り返し，そのたびに，フラフープも縄跳びも止まり，続けられず，セイヤとタクヤはとても困っていた。とくに，セイヤは，自分が一生懸命修行をしているのに，止められてしまうとフラフープも回せなくなり苛立っていた。「やめて」と伝えても，またすぐに止められ，セイヤはとうとう座り込んで泣いてしまった。

そのようなときに，ナオカが縄跳びを持ってきて一緒に跳び始めた。タケトは，CDを止め続け，そのたびにセイヤとタクヤの縄跳びとフラフープも止まってしまう。セイヤは，「もう，やめて」と半泣きになるが，音楽が鳴ると気を取り直

第5章　批判的な関わりにもかかわらずセイヤはなぜ情動を調整できたのか　　79

> してフラフープを続けている。ところが，何度も続くためセイヤはとうとう，少し離れた柱にもたれかかって顔をうつむき半泣き状態で座り込んでしまった。
> 　セイヤの姿を見て，<u>ナオカが，「セイヤくん，いじけとる」と言う</u>と，セイヤは「だって，とめるんやもん」と泣き声で訴える。<u>ナオカが，「セイヤくん，年長さんやのにすぐいじける」とナオカが言った（接面①）</u>瞬間，私は内心，「ナオカちゃん厳しいこと言うなあ」と思い眉を顰めていた。しかし，<u>半泣きだったセイヤが「アハハハ…」とテレ笑いにかわり，「だって，やっとるのに（止められたらフラフープができなくなる）」と気持ちを伝えながらも笑顔に変わっていた（情動調整）</u>。その後も，タケトは音楽を止め続け，セイヤも「やめて」と訴えている。<u>ナオカは，そんなセイヤを見て何も言わず，笑顔で見守っていた（接面②）</u>。私が，「ナオカちゃん，先生みたいだなあ」と思っていると，セイヤは，ナオカとタクヤと一緒に再びフラフープを始めた。私には，セイヤくんナオカちゃんに「守られてるみたいだなあ」と感じられ，セイヤが安心して修行に励むことができたように思えた。

※一重線はセイヤの情動調整，二重線は接面を示す

①突き放す行動に対する私の最初の解釈

　セイヤは，必死にフラフープを回しても上手くいかなかったが，音楽を流すと不思議と記録が伸びていった。しかし，タケトにデッキの停止ボタンを押され，それと同時にセイヤのフラフープも床に落ちてしまい修行が上手くいかなくなった。私には，セイヤがいじけてしまう気持ちがよくわかったが，タケトは平然と止め続け，セイヤはますます苛立ち，タケトに対して怒っていた。私には，タケトの"妨害"によってセイヤの修行が中断され，頑張っているセイヤが気の毒に思えたが，ナオカは平然と「セイヤくん，年長さんやのにすぐいじける」とセイヤに批判的と取れる突き放す言葉を言い放っていた（接面①）。私は「ナオカちゃん，厳しいこと言うなあ」と眉を顰めてしまった。確かに，ナオカの言っていることは当たってはいるが，私にとっては，必死にフラフープの修行をしているセイヤの気持ちを考えると，ナオカの言葉は批判としか捉えられなかった。

②突き放し行動に対する私の解釈のゆらぎ

　ところが，セイヤはナオカの一言で「アハハハ」と笑い，気を取り直してしまう。「さっきまであんなに泣いていたのに，しかも，ナオカちゃんの批判的な突き放すような言葉がどうして涙が飛んで笑いになるの」と，私は不思議な気持ちだった。私はナオカの言葉を批判的な突き放す行動と捉えたが，セイヤにとって，ナオカの言葉は批判的ではなかったのではないか。また，ナオカ自身も批判的に突き放したわけではなかったのではないか，と解釈にゆらぎが生じた。

③突き放し行動の捉え直し

　なぜナオカの一言でセイヤは笑顔になれたのか，すなわち，情動を調整できたのかを再考するため，セイヤとナオカのやりとりを捉え直していく。

　セイヤはナオカの言葉自体は嫌ではなく，逆にCDを止められて悲しかったことが吹き飛ばされ，セイヤに"混乱の落ち着き"をもたらしていた。これはナオカとの関係だからこそだと思うが，まるで魔法の言葉のようにセイヤを笑顔にしていた。このナオカの「年長さんやのに」という言葉はナオカがセイヤに対して叱咤激励の思いを込めて寄り添った接面（接面①）として捉えると，実は，ナオカは「セイヤくんもうすぐ小学校に行くんだよ。泣かないで，しっかりしてよ」と鼓舞しているといえる。つまり，「年長さんやのに」という言葉は，批判的な突き放す行動というよりも励ましの意味をもった突き放す行動として捉え直すことができる。また，セイヤからするとナオカの言葉は図星であり，恥ずかしい（照れ）気持ちが湧き出て笑い飛ばしたと考えられる。

　私には，ナオカは泣いていじけているセイヤを批判的に突き放しているように感じられたが，ナオカがセイヤのそばにいること（接面②）から，実は，必死に頑張っていたセイヤの悲しみや緊張，不安などを解す突き放す行動だったと捉え直すことができる。つまり，ナオカが実はセイヤを心配していた

ことが読み取れ，ナオカの突き放す行動はまさに，教師が子どもの自律的な情動調整を促すきっかけを与えるための突き放す行動と類似しており，ナオカ自身は意識していないが先生の役割を担っていたのではないか。セイヤとナオカの関係性で記したように，セイヤはナオカに助けてもらえ，甘えられる関係である。つまり，これまで築き上げてきた関係性だからこそ，突き放されるような言葉を言われたとしても，セイヤにとっては叱咤激励として受け止めることができたのはないか。

　このエピソードの時期は，卒園を控えもうすぐ小学生になるという大きな節目の時期であり，子どもたちは日々の生活の中で気持ちを小学校へ向けていることからも，ナオカの「年長さんやのに」という突き放す行動は「もうすぐ小学校へ行くんだよ。セイヤくん，しっかりしてよ」という叱咤激励の突き放す行動であったとも考えられる。セイヤもナオカの励ましを感じ，照れ臭さと，「もうすぐ小学生」になることへの意識が芽生え，笑うことで情動を調整できたのではないか。さらにその後，タケトは音楽を止め続けるが，セイヤは泣くことはなく，冷静にCDデッキを守りつつ，安心した表情で修行を始めていた。このことからも，ナオカの突き放す行動は単なる批判ではないことがわかった。

第5節　第5章のまとめ

　本章では，関与観察を行う中で，2つの事例から導き出された「ネガティブな情動を表出したセイヤは，友達から突き放されたにもかかわらず，なぜ情動を調整できたのか」という問いを子ども同士の接面に着目し，間主観的に把握し検討した。

　なぜ，セイヤは情動を調整できたのか。この問いへの答えは，エピソード1では，ケンタの突き放す行動（言動）には批判だけではない励ましや優しさの意味が込められていたことがセイヤの情動調整につながり，そこにはシ

ンの寄り添いながらのアドバイスもセイヤのネガティブな情動を調整する働きがあったからである。エピソード2では，ナオカの突き放す行動には，叱咤激励の意味があり，また，ナオカがセイヤのそばにいることでセイヤの悲しみや緊張，不安などを解すことになり，結果として情動を調整できたからである。

　しかし，本書において見出された意義は，セイヤが突き放されたにもかかわらず情動を調整でき，そこには実は，励まされていたことや教えてもらったことが暗に含まれていたことにあるのではなく，むしろ，セイヤと友達とのあいだ（接面）で織りなされている，一見しただけでは見えにくい情動や気持ちなどを描くことにある。この問いを接面に着目しながら検討していく中で，筆者自身がゆらぎを感じ，解釈も捉え直していったことも一つの意義である。つまり，子ども同士の接面に着目し，その接面で生じていることを描きながら，筆者がゆらぎを感じつつ，解釈を捉え直すことよって，セイヤやケンタ，ナオカらの捉えにくい思いが描き出された。保育において，このような捉えにくい子どもの思いを描き出すことは，そこに生きる子どもたちが抱いている情動や気持ちを感じ取ることや，子どもの育ちや心の動きを読み取っていくことにつながり，子どもの保育の営みには欠かせない。さらには，子どもの気持ちや育ちを捉えるだけでなく，捉えにくい子どもの思いに対して，保育者が迷いや不安を抱えながらも，今後の保育においてその子ども自身をどう支え，保育していくかという示唆を与える。

　藤井（2010）は，保育現場において，研究者が保育実践を省察する際に，関与観察は可視的な行動面に留まらない子どもの思いの面にまで踏み込んだ検討を行うことが可能となると述べている。接面は，人と人との関わり合いにおいて，情動が行き交い，心の動きが行き交う一つの場であり（藤井の言葉では思いの面），筆者自身も接面に身を置きながら子どもたちの情動や気持ちを間主観的に感じ取っていった。その中では，解釈にゆらぎが生じ，捉え直すことで解釈事態も変容していく。それゆえ，解釈のゆらぎや変容（捉え

直し）を捨象せず，接面に着目し，丁寧に記述していくことは目には見えない心を浮き彫りにすることができる可能性を秘めているといえる。

　しかし，藤井が，関与観察の特性は，研究者が研究上の「問い」をもちながらも，その「問い」の答えを直線的に求め導こうとする在り方には馴染まないと指摘している。つまり，関与観察では，研究者も子どもの接面に入り込み，その接面に着目することが，研究上の問いの答えを子どもの思いの面にまで踏み込んだ検討ができる。

　この踏み込んだ検討とは，例えば，本章において示した，一見すると突き放す行動のような言動をただ批判的に捉えるのではなく，子ども一人一人の思いや心の動きを何度も捉え直しながら間主観的に感じ取り，子どもの捉えにくい思いを描き出していくことである。このような捉えにくい思いを間主観的に捉え，描き出すことは，日々の保育の中で，保育者が子どもたちに対して問い（疑問）や迷いなどを抱えながらも，子ども自身をどう支え，保育していくかを描き出すことにもつながっていく。

　したがって次章では，保育者がどのように年長児の情動調整に関わっているのか，また，年長児の情動調整をどのように捉えているのかを明らかにしていく。

第6章　キクノ先生が捉える年長児の情動調整

　第4章，5章では，友達関係においてなされる情動調整を検討してきた。しかし，幼稚園や保育所などでの人間関係は，当然，子どもだけではない。子どもが情動を調整する際，そこには，友達だけでなく保育者も存在し，子どもの情動調整に深く関わっている。そこで第6章では，保育者へのインタビューを通して，保育者が年長児の情動調整をどう捉え，どう関わり，それらを通して年長児がどう育っていったのかを明らかにしていく。

第1節　保育者は子どもの情動調整をどのように捉えているのか

　これまで述べてきたように，子どもは，友達との関係性の中で様々な経験を通してその場に応じた情動調整を行うようになる。

　時には，子どもが友達の気持ちを理解できず，自分の気持ちを調整できないこともあるが，だからといって，必ずしも仲間関係が乏しくなるとはいえない。第4章でも述べてきたように，たとえ友達との関係がうまくいかない場合でも，子どもが友達と関わっていたいと思う中で友達を理解しようとするし，ネガティブな情動を調整しようとするようになる。日本の幼児教育や保育の文脈では，子どもがネガティブな情動を経験することも子どもの発達にとって重要な機会（芦田, 2019）であり，意味のある経験である。しかし，そこには，幼児教育・保育の専門家である保育者の支援が重要であると考えられる（芦田, 2019）。

　幼稚園教育要領（2018）においても，友達や保育者との関係において他者との良好な関係を結ぶために，自他の気持ちを理解することや，他者との関係の中での自分の気持ちを調整し，友達と折り合いを付けることが明記され

ており，現に，幼稚園，保育所，認定こども園などにおける保育者は，子どもが，特にネガティブな情動を表出した際，様々な援助を行っている。

例えば，水津ら（2015）は，いざこざが終結するまでの過程で，保育者による4歳児の気持ちを和ませる介入行動によって子どもの緊張状態を緩和し，ネガティブな気分を切り替え，状況を転換させていることを明らかにしている。

また，松原ら（2019）は，幼稚園3歳児の対人葛藤場面において，教師は子どもの不安や混乱を受けとめ，解決法を示唆したり，当事者同士の心的状態の相互理解，及び，当事者同士の関係修復を試みたりしていた。この松原らの研究では，教師は3歳児の対人葛藤場面において，子どもの発達状況，他児への影響，仲間関係など様々なことを考慮して柔軟に援助している。

これらの研究では，保育者は子どもの不安や混乱，緊張状態などのネガティブな情動が緩和されるよう援助していることが伺える。

芦田（2019）によると，4歳児が，友達とのいざこざなどでネガティブな情動を表出した際，保育者は支援時にどのような思考判断を行っているのかについて保育観察とインタビューを通して明らかにしている。その結果，保育者は幼児がネガティブな情動を表出する際，その幼児のみならず，周りの幼児の気持ちとのあいだで必要な援助の方法を決定していること，幼児一人ひとりの遊びに根差した固有の情動経験を，園生活を中長期的に捉えながら，その子ならではの情動経験を大事にしていることを明らかにしている。

以上を踏まえると，保育者は子どものネガティブな情動が子どもの成長過程において，重要な経験であると捉え，その経験過程において保育者は，様々な方法で一人ひとりに必要な支援をしていることがわかる。その際，保育者は一人ひとりに子どもに必要な支援をその時々で考えながら支援している。その思考判断も年齢や発達によっても差異がある。ただし，これまでの情動調整に関わる研究の多くは，友達とのいざこざやつまずきが起こりやすい3～4歳児に着目した研究（田中，2013；芦田，2019）が多く，5歳児にな

ると少なくなる。

　少ないながらも，従来の研究を概観すると，保育者が大喧嘩をしている子どもたちの気持ちを受け止め，感情を切り替えて立ち直り，関係が戻ることを支えている（友定ら，2007）ことを明らかにした研究がある。しかし，保育者が年長児の情動調整をどのように捉え，どのように関わっているのかに着目した研究は見当たらない。

　実際に，年長児になると，自律的に情動調整するようになり，保育者の援助も少なくなるのだろうか。高濱ら（1999）は，3歳児はいざこざが多くその後減少し，5歳児になると最小になるという先行研究（Green, E. H., 1933）を引用している。しかし，高濱らの3年間にわたる縦断的な研究によって，3歳児よりも4歳児の方が，いざこざが最も多いことを明らかにしている。さらには，2人の男児が幼稚園3年間を通して，「けんかをしない関係ではなく，けんかを終えられる関係になった」ことを示し，いざこざで喚起されたネガティブな感情を，自ら解消できるようになることを示唆している。このことから，5歳児になると，ネガティブな情動が生じなくなるのでも，自律的に情動調整するようになるというわけではなく，発達や経験と共に，保育者や友達に支えられながら（友定ら，2007）3, 4歳児とは違った5歳児だからこそ見られる情動調整をしていることが推測される。

　そこで本章では，上記を踏まえて，保育者は年長児の情動調整をどう捉え，関わっているのか，また，その保育者の関わりを通して年長児の情動調整がどう育っていったのかを明らかにすることを目的とする。保育者のありようを生き生きと描き出しながら，年長児の情動調整をどう捉え，関わり，子どもたちはどう育っていったのかを明らかにする。そのため，本章では1名の保育者に焦点を当てる。

第2節　研究方法

第1項　研究協力者―キクノ先生

　B幼稚園（以下，B園）は，某県内にある私立幼稚園である。

　研究協力者は年長児クラスのスミレ組担任のキクノ先生（当園では勤続年数19年）である。キクノ先生は，現在担当している年長児を年少から3年間担当している。3年間担任をした子どもは3人であるが，3年間同じ保育者が担任をすることは，本来ならば好ましくないとキクノ先生は感じている。その一方で，3年間担任をしたことでキクノ先生のみならず，子どもたちもキクノ先生のことを「頭のてっぺんからつまさきまで知っている」関係であると，インタビューを通して語っており，キクノ先生と子どもの関係性が，3年間を通してより深まっていることや，3年間の成長過程を担任の立場で見続けていることから，キクノ先生が子どもの情動調整の3年間の変容過程を捉えていると考え，研究の協力を依頼した。

第2項　キクノ先生へのインタビュー

　筆者はB園にて2019年5月から2020年3月まで関与観察を行い，その期間においてキクノ先生へのインタビューを行った。基本的に週に1度（9時半の登園～14時半の降園までの保育時間）年長のスミレ組で，合計36回の観察を行った。この時間内で，子どもの遊びやクラス活動を子どもに関わりながら観察した。キクノ先生へのインタビューは可能な限り，関与観察終了後に筆者が疑問に感じたことを質問し，キクノ先生自身にも年長児の情動調整についての考えや感じたこと，その他，遊びの様子や友達関係についてなどを5分程度で立ち話的に語ってもらった。また，夏季休暇中と全ての関与観察が終了した3月にキクノ先生に1時間程度のインタビューを行った。この2

回のインタビューは主に，保育の中で，キクノ先生が子どもの情動調整についてどのように捉えているのかを明らかにするために行った。さらに，上記のインタビューに加えて，キクノ先生の情動調整の捉えと子ども同士の関係性についてより詳細に捉えるためにフォローアップインタビューも行った（5月12日，8月14日）。質問内容は，キクノ先生にとっての心根を変えるとは何か，子どもたちの遊びの様子などである。したがって，本書の目的を明らかにするため関与観察で得たエピソードではなく，インタビューから得たキクノ先生への語りを中心に述べる。

第3項 「語り合い」法とは

　本章ではインタビュー形式をとる「語り合い」法（大倉, 2011）というアプローチを参考にしながら，キクノ先生から得られた語りを分析する。「語り合い」法とは，大倉（2011）によると，研究者である「私」が現実で感じた事柄や一生活者として経験した事柄を積極的に記述し，それをも分析の材料にしていくものである。さらには，この方法は，協力者との対話の生き生きとした様相を蘇らせ，協力者の人となりを最もよく伝える方法である。この手法を用いて研究を行った町田（2018）によると「語り合い」法は，「協力者の「その人らしさ」を捉えていくにあたり，逐語論的な分析にとどまらず，インタビューの場において，間身体的・間主観的に調査者に感受されたことを積極的に呈示しながら分析することにより，協力者の体験世界に迫ろうとする方法」である。筆者は，B園において関与観察をしており，スミレ組の子どもたちとの関わり合いがあるため，インタビューでのキクノ先生からの子どもにまつわるエピソードは臨場感があり，協力者の「その人らしさ」だけでなく，子どもたちの「その子らしさ」を捉えられると考え，この方法を用いる。

第4項　その人らしさを描く

　これまで,「その人らしさ」は,看護分野において頻繁に使用されている。例えば,黒田ら（2017）は「その人らしさを内在化された個人の根幹となる性質で,他とは違う個人の独自性をもち,終始一貫している個人本来の姿,他者が認識する人物像である」と,定義づけており,本章も本定義に依拠する。保育においても,保育者は,子どもの健やかな成長を育むために様々な関わりをするが,その関わりの背景には,保育者の保育における見方,考え方である保育観が存在し,援助の方法はその保育観と関連している（松本,2019）。保育者の保育や子どもに対する見方,考え方,捉え方（保育観・価値観も含む）などは,一人ひとり違い,多様に存在する。「語り合い」法では,「その人らしさ」を重視するが,キクノ先生の語りには,キクノ先生らしさが醸し出された見方,考え方,捉え方が潜在しており,「語り合い」法によって,キクノ先生と年長児との関係性だからこその保育や年長児らの育ちが垣間見えると考える。それゆえ,情動調整に関する一般的な見解を得るための実験研究や,複数の保育者へのインタビューではなく,その場でしか感じることのできない子どもの情動調整を,その場で捉えることができる保育者が,どのように捉えて育んでいるのかを明らかにする。そのための一例として,本書ではキクノ先生に着目する。

第3節　キクノ先生の情動調整の捉えと年長児との関係性の構築

　本節では実際に,キクノ先生は,年長児のネガティブな情動調整に関して,どのように捉え,関わっているのか,また,子どもはどのように育っているのかを,語り合いから考察し明らかにする。特に,キクノ先生らしいと筆者が感じた情動調整に対する捉えと,その捉えを根底とした,キクノ先生の年長児のネガティブ情動の調整に対しての関わりを挙げ,その関わりを通して,

年長児がどのように育っていったのかを捉えていく。なお，語り合いでのキクノ先生の情動調整の捉えを【　】で示し，年長児への関わりを実線，子どもの育ちを点線で表記した。また，語り合いに組み込むことができなかったキクノ先生の語りは，考察中に〔　〕で示した。本節では，筆者ではなく"私"と記し，方言は共通語に直した。

第1項　これまでのスミレ組の子どもの様子

　本節では，キクノ先生の語りから年少から年長までの情動調整に関わる様子を以下のように筆者が要約した。

　年少時は，特に不安や，泣く，怒るなどの情動を表出することが多かったが，保育者に共感的になだめられながら情動を調整するようになっていった。また，友達との関わりの中で，泣くことは恥ずかしいと認識するようになり，社会性も育まれていった。年中になると，泣く，怒るなどのネガティブな情動を自分で我慢しようという気持ちが芽生え始め，自分の力で情動調整をするようになり，その姿をキクノ先生は見守っていた。年長では，友達とのトラブルが起こった際，これまでの経験を生かして子どもたちで解決しようという姿が見られるようになった。キクノ先生は，スミレ組の子どもたちの3年間の育ちを，年少から見ているため，たとえ，年長児がネガティブな情動を表出していたとしても，年少，年中の頃を思い出し成長を感じている。

第2項　キクノ先生の「心根を変える」という捉え

　まず，キクノ先生が，年長児の情動調整をどのように捉えているかを語り合いから抽出する。

語り①（3月26日：全ての観察終了後の語り合い）
私：先生は基本的に子どもたちが，大泣きしたりとか，怒ってたりすると，どうしてるんですか？

> キクノ先生（以下，"キ"と記す）：（中略）メイちゃんが，給食が食べられなくて泣いていたらしい。で，いとこのミコちゃんが「メイが，食べれないって泣いてる」って言ってきた。メイちゃんは「泣いてどうにかなる」って思ってる。泣いたら，ミコちゃんが何とかしてくれるって思ってる。でも，それだけでなく，泣くだけじゃなくて，他にも方法があることを伝えている。泣くだけというのは，その子の手段みたいなところがある。【心根を変えてあげないと】，泣くだけで終わる。（中略）私はメイちゃんに「自分で言いにこないと。泣いてもどうにもならないよ」って伝えたら，メイちゃんは，自分で「少なめにして」って言えたんだけど，その途端，食べられるようになって，普通（量）に食べるようになったの。

メイの場合，給食を食べられずに泣いて，ミコに助けてもらうという方法で問題を解決しようとしていたが，キクノ先生は「自分で言いにこないと，泣いてもどうにもならないよ」と，一見，突き放すようにも聞こえる関わりをしている。それは，泣きたくなっても，泣かずに，自分で泣くという情動を調整し，どうしたら良いかを考え，自分の力で問題を解決することをメイに望んでいることによる。メイに対するキクノ先生の思いは，ただ単に，メイに自律した問題解決を望んでいるのではない。実は，〔いとこのミコが，メイのかわりに問題を解決しており，メイも全てをミコに頼るという現状を考慮して，メイ自身が，自分で問題に立ち向かって欲しい〕というキクノ先生の願いがある。よって，メイが心根を変えたこと，つまり，泣かずに自分で「少なめにして」と言えたことは，メイの成長であるといえる。キクノ先生は，年長児の情動調整を，心根を変えることだと捉えており，それは，泣きたい，怒りたいなどの情動を自分自身で調整して問題解決をしてほしいという願いである。キクノ先生は，〔どの年度の年長児にも心根を変えて欲しいと願っているのではなく，3年間関係を作り，また，成長を見てきたこのスミレ組の子どもたちだからこそ，心根を変えて欲しい〕と願っている。そのために，キクノ先生は，子どもとどのように関わっているのかを，語り合いを通して明らかになった具体例を挙げて考察する。

第3項　言い合える関係性

　キクノ先生は，年長児の情動調整を，心根を変えることだと捉えている。その心根を変えるためには，先生と子どもたちとの言い合える関性を作っていくことが大事だと考えていることが以下の語り②から考察できる。

> 語り②（8月26日：夏季休暇中の語り合い）
> キ：子どもって先生が一番。クラスの中で，好きな言葉じゃないけど，王様みたいな感じで先生がすべて。まだ，小さいから，先生の影響力って大きい。だから，気を付けなきゃいけない。「先生，これは違う」って言える雰囲気にしなきゃいけない。タイセイくんなんか，賢いからね。私の間違いをよく指摘するの。言いたいこともはっきり言うの。例えば，私を忍者ごっこに入れてくれたんだけど，「足が遅い，動きがのろい，使い物にならない，もう，忍者ごっこから出て行ってくれ，クビ！（中略）」と私に言える。
> 私：（大笑いする）タイセイくん，厳しいですね。
> キ：「先生はもうクビ！」って言われたから内心，嬉しくて「お世話になりました」って言った。
> 私：そこの忍者会社，ブラックですね。
> キクノ先生：そうそう。（中略）先生に対して，はっきり言い合える関係になっているから，いいかなって思ってる。

　キクノ先生は，子どもにとっての先生の存在を「王様みたいな感じで先生がすべて」（一般的に）であることはよくないことだと考えている。確かに，一般的に子どもは，先生の言うことに忠実である面がある。しかし，キクノ先生は，先生の影響力が大きいからこそ，子どもも先生に対してはっきり言えるようになって欲しい，つまり，先生と子どもは，言い合える関係性でなければならないと考えている。スミレ組の子どもたちは，忍者ごっこの事例だけでなく，キクノ先生の〔間違いも指摘してきたり，こうして欲しいと思っていることも言ってきたり，互いに言い合える関係性〕である。

第4項　子どもになって仲間に入る

　上記のような言い合える関係性を作るためにキクノ先生は，次のような方法で言い合える関係性を作っている。すなわち，子どもになって仲間に入るという方法である。以下，タイセイの事例で考察する。

語り③（8月26日：夏季休暇中の語り合い）
私：タイセイくんって，トラブルはないんですか？
キ：タイセイくんは，遊びも面白いし，まとめるのもうまいし，彼に憧れている子はいっぱいいるの。だから，トラブルは少ない。でも，周りはあんまりタイセイくんにはっきり言えない。（中略）バスケが好きで，みんなに声をかけて，バスケをするんだけど，「そんなことしたらだめ」とか，「ボールちょうだい」とかすごく怒ってるのよ。ようするに，タイセイくんしかルールを知らない。自分だけドリブルして，ゴールして，楽しんで。周りが見えてなくて，自己中心的になってるなあって思ったときに，鼻を折りに行く，ポキンって。面白くないなあって思ってる子もいるし，私が「入れて」（子どもの口調）って入っていく。一緒にバスケしながら，「ねえ，全然面白くない。なんで，タイセイくんばっかりシュートするの。全然，面白くない。全然楽しくなーい（子どもの口調）」そしたら，一緒にバスケやってる子が，「ぼくも」「ぼくも面白くない」って言うから，「ねえ，ルール考えようよ。タイセイくんばっかりシュートしてたらつまんなあい」って言ったら，ハッて，気が付いて，「じゃあ，ルール教えるね」ってルールを一緒に考えてた。

　タイセイは，バスケを好きすぎて周囲が見えなくなるほど夢中になり，自分の思うままに遊ぶため，友達は当然のようにつまらないと感じている。キクノ先生は周囲の子どもはタイセイにはっきりと言えない面もあることを把握しており，周囲の子どもがどう思っているのかをタイセイに伝えるために子どもたちの仲間になっている。その方法は，直接的にタイセイに「友達はどう思っていると思う？」と伝えるのではなく，キクノ先生自身が子どもに

なって「全然面白くない」と他の子どもたちの気持ちを代弁するという形でタイセイに伝えている。結果的に，タイセイは一方的な主張（怒っている）を抑えつつ（調整）ルールを教えることでみんなが楽しめるように考えている。年長児のトラブルにおける保育者の援助には，例えば，子どもの気持ちを受け止めつつ，年長だからもう少し我慢をしてほしいこと（友定ら，2007）を伝えることがある。この援助によって，子どもたちは互いの気持ちに気づき，どうしたら良いかを知る。キクノ先生の場合，子どもになって仲間に入っているが，それは自分がロールモデルとなって，他の子どもにタイセイに言いたいことを言えるように示したのではないか。タイセイも，キクノ先生に仲間として，「面白くない」と言われたことによって，心根を変えて周囲の子どもも楽しめるように，バスケのルールを教えている。したがって，キクノ先生の関わりによって子どもたちがタイセイに対して，言えなかったことを伝えることができ，子ども同士の言い合える関係性の構築につながっている。

第5項　言い合える関係性を構築するための明るい雰囲気づくり

　キクノ先生は，子どもが先生との言い合える関係性を作りやすくするために様々な工夫を凝らしている。その1つが，以下の事例である。

語り④（3月26日：全ての観察終了後の語り合い）
私：みんな卒園してさみしいですね。
キ：さみしい。卒園式の前の日に，子どもたちにもうすぐ卒園だけど，どんな気持ちか聞いたのよ。そしたら，「さみしい」とか，「小学校楽しみ」とか，言ってくれたんだけど，カナちゃんが，「卒園したくない」って泣きだしちゃって，そしたら，みんな泣き出して大変だった。泣かせるつもりなかったのに。
私：先生も泣いちゃったの？
キ：うん…。で，何とかしようと，いつもの手品をしたわけ。タリラリラー♪

って。でも，子どもたちは，笑いながら泣いてた。

　キクノ先生は，子どもが疲れているときや元気がないとき，あるいは，子どもたちのリクエストで手品をする。歌いながら，全身で手品をするため，見ている誰もが大笑いをしてしまう。このキクノ先生らしさを醸し出す手品は，子どものネガティブな感情を一気に吹き飛ばす効果がある。キクノ先生の手品は，明るい雰囲気を作り，その場だけではなく，子どもとキクノ先生とのあいだに言い合える関係性を作り，子どものネガティブな情動を和らげる効果もあるだろう。

第6項　言い合える関係性に基づく子どもの情動調整の育ち

　キクノ先生は，子ども自身が心根を変えていくために，保育者と子ども，子ども同士の言い合える関係性を重視し，そのために子どもになって仲間に入ったり，手品をしたりするなどのキクノ先生ならではの関わりをしている。このような過程を経て，子どもの情動調整はどのように育ってきたのかをリョウとケンジの事例とカホの事例の2事例を通してみていく。

1）事例「本物の友達」

語り④（9月27日：保育終了後の語り合い）
私：今日，リョウくんとケンジくんが砂場に家を作って，人を描いた紙を置いて，その置いた場所が間違っているとかで，ケンカしてました。2人ともいつもより大きい声で怒ってるので，ドキドキしながら見てたんですけど，急に，リョウくんが「ごめんね」って謝って，ケンジくんも「いいよ」って言う感じで収まってました。
キ：年長になって，空気感が似ている2人が，ある日ある時，突然ピタッとなった。今までは，二人とも上辺だけのお付き合いから（他の友達と），本物のお友達に出会えた。だから，ずっといっしょ。だから，一緒にいればいるほど，（中略）トラブルもある。リョウくんがお休みの時に，ケンジくんが「リョウくんお

休みでさみしい」って言ってたから，リョウくんに「ケンジくんがさみしがってたよ」「リョウくん，ケンジくんのこと待ってたよ」って，伝えてる。二人のお母さんは，ケンカができる友達ができたって喜んでた。ケンジくんは，リョウくんに叩かれてもリョウくんのことをかばったり，逆に，ぼくも悪いかもしれないってことをケンジくんが言ってるってお母さんに聞いたの。ケンジくんは，殴られてるのよ（中略）。ようやくほんとの意味の友達ができて，楽しさがわかって，すごくいい感じ。前みたいに，ギャーってなることもなくなってきた。

〔年少・年中のリョウとケンジは，仲の良い友達もいなかった（年少・年長で同じクラス）。リョウとケンジは，自分の思い通りにならないと，それぞれ，友達を叩いたり，ネガティブな情動を表出したりすることがあった〕という。リョウとケンジは，年少・年中では友達関係が一方通行だったが，年長になり，"本物のお友達"ができたことによって，互いに気持ちがつながっていった。しかし，リョウとケンジの場合，単に，仲良しの友達ができただけでは，その関係を維持することは難しい。キクノ先生が，「ケンジくんがさみしがってたよ」「リョウくん，ケンジくんのこと待ってたよ」などと，2人に伝え，2人の関係をつなぎとめることで，関係性が維持されていると考える。また，リョウとケンジはケンカや言い合いもしている。その中に，キクノ先生も仲裁に入ることもあるが，どちらかというと，一方通行ではない「ケンカできてよかったね」と，捉えている。リョウとケンジがケンカをしても，互いに「ごめんね」，「いいよ」と謝って，許し合うことが，他者の気持ちを理解したり，自分の気持ちを調整したりする力（利根川, 2013）を培っている。一方で「ごめんね」「いいよ」は，機械的に謝っているようにも聞こえる。しかし，キクノ先生はこのやり取りが，2人にとって非常に重要だと語っている。というのも，これまで人との関わりが一方通行であったリョウとケンジが，2人の関係性の中で，ケンカをして謝り，許し合い，また，互いを求め合い，言い合える関係性を築いている。この関係性こそが，本物の友達といえる。

2）リョウとケンジの心根の変化

> 語り⑥（5月12日：フォローアップインタビュー）
> キ：廃材工作を友達と共同で作るのが流行ったんだけど，リョウくんとケンジくんは，「ぼくは作りたいけど，ぼくのは（一緒に）作らないで」って，それぞれやってたの。でも，2学期くらいから，お家とアイテムを一緒に作って，毎回，大事そうに出してきて遊ぶようになった。「これはこっち」とか，「それだめ」って揉めてたけど，私は，どうぞやりなさい（ケンカ）って，見守ってた。これがこの子たちには必要だから。で，卒園前に，どうするのかなあって（家）思ってたら，半分に切ってそれぞれ持って帰った。
> 私：あの，割と大きな家を切っちゃったんですか？
> キ：そう。おっかしいでしょう。

2学期頃からリョウとケンジは，協同でミニハウスやハウスに必要な人形，アイテムなどを作っていた。2人は，このミニハウスを大事にしており，よく手に持って遊び，時々，その作ったものでケンカをしていた。キクノ先生は，この2人の感情が入り混じった関係が，リョウとケンジに一番必要なことなのだと語っている。

以前，〔リョウとケンジが，「大きくなったら一緒に住もうね」，「二段ベッド買おうね」と約束をしていたが，二段ベッドの上に寝るか，下に寝るかでケンカをしていたことがあった〕。しかし，3学期になると，大切なものを平等に持って帰るには，どうしたらよいのかを2人で考え，その結果，ミニハウスを半分に切って持って帰るというアイデアを思い付いたのは，リョウとケンジも心根が変わったと，キクノ先生は捉えている。したがって，本物の友達というのは，一方通行ではない，言い合える関係性があり，互いに必要とし合い，思い合うことであり，リョウとケンジにとっては，大きな成長なのだとキクノ先生は捉えている。

3）事例「先生，みてみて」

語り⑦（8月14日：フォローアップインタビュー）
私：他にも，言い合える関係性になった事例はありますか？
キ：逆に，言い合える関係性が築きにくい子がいたかな。カホちゃんは，人の気持ちがわかりづらくて，友達と遊ぶってことが難しかったの。年中の頃は，友達関係で思い通りにならないと，爆発して怒ったり泣いたりしていた。（中略）その都度，場面毎で私が解釈して説明してた。でも，年長になると，1人で遊ぶことが多くなって，私や他の先生がカホちゃんと遊んだりしていたの。友達の中に入れるように私も子どもになりきってカホちゃん連れて「仲間に入れて」って，声を掛けたりもしてたけど，あまり本人は望んでなかった。友達と阿吽（の呼吸）で遊べないもどかしさを感じてたから，友達と遊ぶよりも自分で遊びを見つけてする方が楽なんだよね。それに，先生対カホちゃんの関わりが多くて，「先生，みてみて」と，泥団子や折り紙を見せてくれるから「すごいね」って褒めるとすごく喜んでた。（中略）
私：自分の気持ちを友達に伝えたり，一緒に遊ぶことはあまりなかったんですか？
キ：うん。あまりなかった。だから，みんなの前で，カホちゃんのことを褒めたりしてた。カホちゃんは，何かの話し合いとかで，自分の意見を言ったりするのはできたので，意識してそういう機会も作ったかな。（中略）相互的なやりとりを必要とするままごとみたいな遊びはうまくいかなかった。

〔カホは，年長になると自分で抑えているのか，あまり感情を表出さなくなり〕，また，〔年中時は友達と遊ぶこともあったが，年長になると遊ばなく〕なった。キクノ先生は，〔カホは，友達と遊びたいと思ってはいたが，友達と気持ちを交流しながら遊ぶことが苦手だということに気づき始め，1人で好きな遊びをすることや，自分の気持ちを理解してくれる先生と遊ぶことの方が楽しいと思っている〕と捉えていた。キクノ先生は，カホが友達とつながることができるように，カホと一緒に先生も子どもになりきって仲間に入ったりしたが，本人が望んでいないため，周囲との関係性をつなぐこと

が難しかったという。そのような中で，例えば，キクノ先生は，カホがみんなの前で自分の意見を積極的に発表できることに着目し，カホをみんなの前で褒め，他児もカホの良さを認めるようになる。カホも自信を持ち，また，カホ自身も他の子どもの意見に耳を傾けるようになった。友達との言い合える関係性を築くことが難しい場合でも，キクノ先生は，自分の意見を言う機会や，他者の意見も聞く機会を作ることで，友達との言い合える関係性につながると考えている。

4）カホの心根の変化

> 語り⑦（8月14日：フォローアップインタビュー）
> 私：カホちゃんの心根が変わったなって思うエピソードはありますか？
> キ：3学期の終わり頃に，スミレ対アヤメでドッジボールをやろうってことになって，人数を集めてたの。そしたら，カホちゃんがいて，私が「カホちゃん入って。人数が足りないの」と声を掛けたんだけど，「怖いから嫌」って。でも，子どもたちの「入って」という声に背中を押されてカホちゃんは初めてドッジボールに入ったの。でも，やっぱり怖くて私は，カホちゃんと手をつないでたけど，私が当たって抜けて，どうするかなって見てたら，ゆのちゃんが「私がカホちゃんを守ってあげる」と言ってくれたらしくてカホちゃんは，「私のこと大切にしてくれて嬉しかった」って後で教えてくれたの。

これまで〔ドッジボールや鬼ごっこに入ることに不安や恐れ〕があったカホが，先生の自然な誘いと友達の声によって，自分の不安を調整しつつドッジボールの仲間に入った。キクノ先生は，1年を掛けてカホを遊びに誘ったりしながら，友達とつなげてきたのだが，なかなかカホは自分の不安や恐れなどの気持ちをうまく調整できず，思い切って仲間に入ることができなかった。このドッジボールの事例は，キクノ先生や友達の支えによって，カホ自身が心根を変えている。つまり，これまで単にドッジボールが苦手というだけでなく，大勢の中に入ることにも不安や恐れがあったが，不安や恐れを自

分で調整し，また，友達の優しさを素直に受け入れ，「嬉しい」と感情を表現できたエピソードである。その後は，〔自らドッジボールの仲間に入るようになり〕，キクノ先生は，カホが周囲に支えられながら苦難を乗り越えることができた（心根を変えることができた）と捉えている。

第4節　第6章のまとめ

　本章は，キクノ先生が年長児の情動調整をどのように捉え，関わっているか，また，子どもはどう成長したかを明らかにすることを試みた。これは，保育における一般的見解を見出すためではなく，1人のキクノ先生という保育者のその人らしさを明らかにするための研究でもある。

　これまでの3，4歳児の情動調整に関わる研究において，保育者はネガティブな情動を表出する子どもに対して，その子どもへの教育的意図を持ちつつ，関与の程度を判断し，直接的あるいは，非直接的に援助している（芦田，2019）。

　しかし，年長児は，自律して情動を調整したり，抑制したりすることが当たり前だと捉えられている可能性があり（鈴木，2006），年長児の情動調整に対する保育者の捉えや関わり，育ちなどが情動調整という文脈では明らかにされてこなかったが，本章では，年長児もネガティブな情動を表出し，保育者もその調整を支えていることを見出した。

　具体的には，担任のキクノ先生が年長児の情動調整を，「心根を変える」ことだと捉えており，それは単に，問題解決のために情動を調整するのではなく，問題に対して向かっていこうとする力とそこで生じる情動を調整しようとする力を培って欲しい，延いては年長児は，その力を発揮できると信じている。その力は，端的に変わったり，育まれたりするものではなく，キクノ先生は，1年を掛けて，さらには，年少・年中から育んでいけるようにするためにキクノ先生ならではの「関係性」を作ろうとしている。

したがって,「保育者の捉え」とは,問題に立ち向かう力やそこで生じる情動(悲しみや苦しみ,怒りなど)を調整する力,いわゆる非認知能力の部分を育てるために,長期的な視点に基づく「関係性」の構築に対する認識といえる。スミレ組の子どもは,年長の1年を通して,問題に向かいつつ情動を調整し,子ども同士も言い合える関係性や,相手を互いに必要とし,思い合う関係性を築くようになった。また,子どもの情動調整は,保育者だけでなく,他の子どもとの関わりや子ども自身の多様な経験による育ちなどの相互作用によるものであるといえる。

　第2項の「キクノ先生の「心根を変える」」のところでも述べたが,キクノ先生は,どの年度の年長児にも心根を変えることを願っているわけではない。このスミレ組の子どもだからこそ,心根を変えることが必要であると考えている。保育者は,概ね,1年で担任が変わるが,子どもへの保育のねらいや願いは必ずしも同じではない。また,関わり方もそのクラスや子どもによって異なる。保育者は,自分が受け持ったクラスの子どもとの関わりや,子ども一人ひとりを見つめながら,子どもに必要な育ちに関わるねらいや願いを考えている。また,その関わりでは,保育者のその人らしさも反映される。だからこそ,保育者のその人らしさを捨象せず,着目していく必要があると考える。

　また,多くの保育所・幼稚園では,概ね,1クラスに1～2人の保育者が担任となる。その保育者の保育や子どもに対する見方,考え方,捉え方(保育観・価値観も含む)なども,一人ひとり違い,多様に存在する。これまでの研究では,一人ひとりの保育者のその人らしさは捨象されてきた。しかし,担任保育者の子どもへの影響を加味すると,保育者のその人らしさに着目することは,子どもの育ちを捉えるうえでも必要不可欠である。

　本章では,1人の保育者のその人らしさに焦点を当て,情動調整に対する捉えを明らかにした。よって,全ての保育者の情動調整の捉えに当てはまるわけではないことを考慮していないことが,本章の限界である。

次に，実際の保育を通して，保育者が子どもの情動調整にどのように関わっているのか，また，子どもがどのように情動調整しているのかなどを，具体的に捉えていく。

第7章　双通する情動を基盤とした年長児と
　　　　　保育者の関わり

　第7章では，第6章において明らかになった保育者と年長児との関係性と保育者の年長児の情動調整に対する捉えや，年長児の情動調整の実態を参考にしながら，関与観察の中で，保育者と友達関係とのあいだで年長児がどのように情動調整しているのかを捉えていく。つまり，年長児の情動調整場面での保育者の関わりを接面の視点に基づき明確にするが，ここでは，保育者と年長児，筆者の接面で起こっていることを取り上げる。

第1節　保育者は年長児の情動調整にどのように関わっているのか

　第4章では，Grossの情動調整方略を参考に，友達関係において年長児がどのように情動調整をしているのかを検討した。また，鯨岡の接面に着目し，友達関係の接面を捉え，そこでなされた情動調整を明らかにすることで，先行研究では得られなかった一方向的ではない，相互的な情動調整が見出された。さらに，接面に視点を置いたことによって，子どもが「同調的な情動調整」と「関係歴史的な情動調整」をしていることがわかった。第5章では，友達から突き放されたにもかかわらず，子どもが情動調整を行っており，それは，子ども同士のあいだ（接面）で織りなされている，一見しただけでは見えにくい情動や気持ちを接面に着目しながら検討する中で，筆者自身が子どもの情動やネガティブな言動にゆらぎを感じながらも，子どもたちの思いを読み取っていった。

　上述の第4章，第5章の研究によって，子どもは，子ども同士の関係性の中で，相互に情動調整をしていることが明らかになったが，そこでの研究か

ら「保育者は子ども同士の関係性でなされる情動調整にどのように関わっているのか」という課題が浮かび上がった。そのため，第6章において，保育者は子どもの情動調整を「心根を変える」ことであると捉え，問題に対して向かっていこうとする力とそこで生じる情動を調整しようとする力を培って欲しいと考え，一年を掛けて，その力を育んでいけるように関係性を作っていること，また，子どもがどのように成長したかを明らかにした。

本章では，子どものネガティブな情動の経験が，子どもにとって単に悲しい経験に終わるのではなく，子どもの発達にとって意味のある経験になるためには，幼児教育・保育の専門家としての保育者の支援が重要である（芦田, 2019）と考えることから，年長児が友達同士のあいだで表出するネガティブな情動を調整する際，実際に保育者はどのように関わっているのかを検討する。

これまでの保育者の子どもの情動調整に関わる支援に関する研究では，特に年少児，年中児のネガティブな情動を調整する際，保育者がどのように関わっているのかが明らかにされてきた（田中, 2013・2015；利根川, 2013；水津ら, 2015；芦田, 2019など）。

本論文の第5章では，友達からの「突き放す行動」に着目したが，この「突き放す行動」は，田中（2013）が明らかにした保育者の子どもに対する「突き放す行動」を参考にしている。この研究によって田中は，「突き放す行動」には，年少児の自律的な情動を促す働きがあることを見出している。さらに田中（2015）は，年中児になると保育者が子どもの感情の発達的変化に配慮して「敢えて関わらない」行動を取るようになり，この保育者の行動には「幼児の感情に配慮する」，「幼児の主体的な行動を引き出す」，「幼児同士の関係を繋げる」働きがあることを明らかにし，これには子どもの自律的な情動調整を促す働きがあることを見出している。

また，芦田（2019）は，年中児がネガティブ情動を表出する際，保育者がどのような思考判断を行っているかを，子どもへの関与程度が異なる3つの

援助場面に着目して検討し，保育者の関与の仕方を，「積極的関与」，「断続的関与」，「消極的関与」に分類しており，保育者の思考判断によって関与の仕方が決定されている。すなわち，子どもが表出するネガティブな思いと周囲の子どもの気持ちが異なり，なおかつ保育者が両者の気持ちを尊重したいと考えている場合に，保育者はネガティブな情動を表出する子どもへの直接的な関与を控えていることを明らかにしている。また，保育者が子どもに友達の情動を理解する力や自分の情動を表現する力を身につけさせたいと考えているとき，保育者は子どもに対して積極的に関与するが，その一方で，子どもの情動調整を援助する必要性を感じているときには，幼児に対して直接的な関与を控えていることを示唆している。

　芦田の研究では，年中児に着目して，ネガティブな情動を表出した際の保育者の関与の程度に応じて保育者が支援時にどのような思考判断を行っているのかを明らかにしている。この思考判断とは，子どもの気持ちや育ちの実態，子どもにとっての必要な経験などを通しての判断であり，この判断によって保育者は，関与の仕方を決定していると，芦田は述べている。

　田中（2015）の研究では，保育者の「敢えて関わらない」行動が子ども同士の関係をつなぎ，結果として子どもの自律的な情動調整となるとされている。実際に，子どものネガティブな情動は，保育者の消極的関与や，積極的関与，敢えて関わらないなどの行動が，子どものネガティブな情動を調整する働きがあると推測される。田中と芦田は，年中児に焦点を当てているが，年長児のネガティブな情動においても保育者が関与していることは考えられる。

　しかし，前にも触れたように年長児の情動調整については，情動調整ができることが前提とされており，年長児の情動調整や，その際の保育者の援助については明らかにされていない。

　したがって，上記を踏まえて本章では，年長児が表出するネガティブな情動の調整に保育者はどのように関わっているのかを接面に着目して，明らか

にしていくことを目的とする。また，筆者は，年長児の情動調整に保育者がどのように関わっているのかを間主観的に捉えていく。

　第6章でも触れたように，B園の年長児担任へのインタビューによる聴取と，筆者の関与観察においてもB園の年長児クラスの子どもたちは，トラブルが少なく，ネガティブな情動を表出することも少ないという印象があり，多少なりとも見えづらい情動がある可能性もある。そのため，保育者にも聴取しながら，子どもの情動調整を捉えていく。また，子どもは友達との関わりの中で，たとえ，ネガティブな情動が表出したとしても，保育者に頼らずともある程度の情動調整ができるようになっているように見える。しかしその場合であっても，保育者の関わりが重要であり，友達との関係性での情動調整に保育者がどのように関わっているのかを本章で検討する。

第2節　研究方法

第1項　研究協力者—モモカとリツコ先生

　本章では，第6章と同様に，B園の年長児クラスである。関与観察は，主にスミレ組で行うことを依頼したが，B園の年長児クラスのスミレ組とアヤメ組の保育室の構造がセミオープンスペースとなっているため，2つのクラスの子どもたちは，互いのクラスを自由に行き来しながら，混合で遊び，クラス活動も混合で行っていることから，スミレ組の子どもだけでなく，アヤメ組の子どもも関与観察の対象とする。本章では，アヤメ組のモモカの事例を取り上げる。

　また，スミレ組担任のキクノ先生と同じ，年長児クラスのアヤメ組の担任であるリツコ先生にもインタビューの協力を依頼し，筆者が観察をしている際に生じた保育者の子どもとの関わりに対する疑問や，子どもの様子などについて関与観察の終了後に立ち話的に5分程度のインタビューを行った。

筆者は当園において，年長児の情動調整に着目して関与観察を行っており，子どもの情動調整に関わるエピソードは21エピソードであった。このエピソードは，主に，子どもが耐えがたい問題（物がなくなる，乳酸菌飲料を落としてふたがはずれる，物を忘れたなど）にぶつかった場合に泣く，不安になる，友達とケンカをして怒る，何気ない言い合いなどが多かった。だが，本章で着目する情動調整に関わる事例は，子どもがネガティブな情動を表出した際，友達との関係性の中で調整し，その情動調整に保育者がどのように関わっているのかである。このような情動調整を接面に視点を置き，検討することを目的としている。したがって，21エピソードのうち，この目的にあったエピソードは，モモカの事例であったため，本章ではモモカのエピソードについて検討していく。

第2項　エピソードの抽出手順と方法

　まず，年長児スミレ組とアヤメ組の登園から降園までの保育場面において，子どもの遊びや，クラス活動を子どもに関わりながら観察し，デジタルカメラで撮影し，特記事項（幼児同士のやり取り，遊びの内容など）を記録した。写真記録と記録を基にエピソード記述の方法に基づいてエピソードを抽出し，エピソード記録を作成した。また，エピソード記録に加えて，観察後に疑問点や担任保育者の子どもの様子などを聴取してまとめた記録も分析対象とした。これらの記録からエピソード記述を作成した。

第3節　事例検討

　本章では，ネガティブな情動を表出しているモモカ（アヤメ組）に着目し，遊びや，ネガティブ情動の表出と調整，周囲の子どもたちとの関わりや，担任保育者のリツコ先生との関わりをエピソード記述にした。これらのエピソードを考察する。また，各事例において筆者が疑問に思ったことをリツコ先

生にインタビューした。インタビューの語りと，リツコ先生のモモカの情動調整に対する関わりも検討していく。

　なお，モモカの情動調整には，一重線を引き，モモカの情動に対する周囲の子どもの関わりには波線を引き，モモカの情動調整に対する保育者の関わりには，二重線を引いた。

　本章では保育者の幼児との関わりのエピソードを ☐ で囲み，保育者の語りを ☐ で示しながら論じる。また，以下は，筆者ではなく"私"と記す。

エピソード1：友達の誘いに乗らないモモカ（5月27日：午前中の自由遊び）
【背景】担任のリツコ先生への聴取によると，モモカは年長の4月に転園してきた。転園してきて最初の1週間は園の様子を伺いながらも穏やかな様子で過ごしていた。年長での転園は，モモカにとって不安が大きかったようで，友達に誘われても仲間に入ることなく一人で園内を歩き回ったり，他児が遊ぶ様子を伺ったりしていた。それでも，4月は穏やかな様子で過ごしているように見えた。だが，ゴールデンウィークが明けた頃から，泣くことが増えてきた。転園してきたころのモモカは，不安を隠して我慢していたようであった。リツコ先生は，モモカが転園してきた頃からなるべくそばにいて，モモカの興味のある遊びを一緒にやってみたり，アヤメ組の子どもたちが遊んでいる場に一緒に関わったりしていた。モモカは，なかなか自分の意志で，仲間に入ろうとしていなかったが，時折，気になるのか，友達の遊びを眺めることが増えていった。

　　エイタ，ケン，リョウ，リク，コウシらがアゲハチョウのサナギを見ている。私が，エイタたちに，「何を見てるの？」と，尋ねると，エイタが嬉しそうに「アゲハのサナギ。サナギになったの。（幼稚園の）ミカンの樹にいたの」と話してくれた。子どもたちは，図鑑のアゲハチョウと見比べながら，「もうすぐ蝶に

なる」ことを知る。真剣に見ているエイタらをモモカは少し離れたところからじっと見ていた。それに気づいたケンが，「モモカちゃん，一緒に見ようよ」と誘ったのだが，モモカは無表情で黙ったまま<u>スススーっと後ろに下がり，どこかへ行こう</u>としたため，私が「モモカちゃん一緒に見よう」と誘うと，何も答えず行ってしまった。

【考察】私には，エイタたちが興味津々で見ているアゲハチョウのサナギに，モモカも同じように興味津々で見入っているように見えた。モモカはケンに誘われたにもかかわらず，モモカは，スススーっと，後ろに下がってしまった。この場にいた時点で，私は特に気づかなかったが，後でデジタルカメラの映像を見直した際に，モモカが微妙に表情をこわばらせていることに気づいた。表情をこわばらせたのは，モモカの不安や驚きの情動の表出であり，スススーっと下がったことは，反射的にその情動を調整したのではないか。離れてみているというのが，モモカにとっては安心できた（調整）のだろう。ケンはモモカを思って「一緒に見ようよ」と誘っているが，モモカは，その誘いを受け入れることができない。だがモモカは，友達に距離を置きながら，入りたいという思いと入れないという両義的な感情を抱え，自分なりに友達のあいだに入ることができるよう調整しようとしているようにも考えられる。

リツコ先生の語り①：（5月27日）
私：モモカちゃんは，ケンちゃんに「一緒に見よう」って誘われていましたけど，その場を去っていました。
リツコ先生（以下，"リ"と記す）：モモカちゃんは，4月に転園してきたんです。モモカちゃんは前の園にいたかったんだけど，おうちの方の都合で転園してきたんです。だから，納得いっていないとこもあったのかな。最初は，泣いたりしてなかったんですけど，ゴールデンウィーク開け頃からずっと泣くっていうことが多くなってきたんです。最初から（4月当初），私にぴったりとくっついて離れなかったんです。サナギは，興味あるみたいで見たいんだけど，仲間に入りたいんだけど，入れない。私かキクノ先生が一緒じゃないとっていうのはあるみたい

> です。

　この語りからモモカが4月に転園してきて，リツコ先生にくっつくことで安心できること，友達の中に入りたいが入ることができないこと，一人では不安があることが推察される。以前の園では，非常に活発で友達と遊ぶことが多かったというが，新しい園でどう振る舞ったらよいのか，揺らいでいるようである。

エピソード2：声を出さずに泣くモモカ（5月27日：給食の準備中）
【背景】給食の準備が始まり，子どもたちは，それぞれ当番の仕事を始めたり，給食の準備を始めたりしている。モモカは，あおグループの自分の席へ行き，座らずに立ったまま声を出さずに泣き始める。モモカは，給食セットをテーブルの上にセッティングして準備は整っていた。モモカのテーブルには，ショウタ，ケン，ミワが座っている。

　モモカは，テーブルのそばに立ったまま，周りの様子を見ながら突然声を出さずに泣き始めた。涙がぽろぽろとこぼれ，しゃくりあげているにもかかわらず，声は出ていない。同じテーブルに座っているショウタ，ケン，ミワはモモカの涙に気づいていないようで，手を洗いに行った。
　一人，取り残されたような形になったモモカは一人で座って泣いていた。この間，モモカの涙に気づく子はいなかった。そこへ，ミワが戻ってくる。ミワは，モモカが泣いていることに気づき，モモカの頭をなでながらリツコ先生の方を見ている。ミワはリツコ先生の方へ行って，「モモカちゃん，泣いてる」と伝えた。リツコ先生は「大丈夫？　何かあったの？って聞いてあげて」と話していた。だが，リツコ先生は，特にモモカの様子を気にはしていないように見えた。ケンも戻ってきて，ようやくモモカの涙に気づいた。ケンは「泣いているの？　何かあったの？」と，わりとサラッと言っていた。モモカは声を出していないため，周りの子どももモモカが泣いていることに気が付きにくいようであった。
　このような様子に気づいて，ゲンキも隣のテーブルからやってきて，モモカの

頭をなでながら,「今日,泣いたの何回目？3回目？」とケンとショウタに聞いていた。ケンは,「3回目かなあ」と答える。すると,給食の配膳をしているリツコ先生がそばに来たため,ゲンキが「先生,モモカちゃん,今日3回泣いてる」と話すと,リツコ先生は「大丈夫だよって言ってあげて」と答える。ゲンキは,リツコ先生の言葉の「大丈夫だよ」を,そのままモモカに掛けていたが,モモカは泣き続ける。その後,ユウコ,マユもやってきて,モモカに「大丈夫？」と話しかけていたが,この時もモモカは泣いていた。

【考察】ゲンキの「今日,泣いたの何回目？3回目？」という言葉からも推察できるように,モモカが泣くことはよくあることのようだ。私は,モモカが泣いていたため,声を掛けたくて,掛けたくて,うずうずしていた。しかし,まさに,入れ代わり立ち代わりモモカを心配して子どもたちが慰めにくるため,入るスキはなかった。だが,入れ代わり立ち代わり慰めてもモモカはなかなか泣き止まなかった。

私はなぜ,こんなにモモカが泣いているのに,リツコ先生は気にするそぶりもない上にモモカのそばに行かないのか疑問に思った。リツコ先生は気にしていないようだが,周囲の子どもたちは,入れ代わり立ち代わりモモカを慰めに行っている。それは,なぜだろうか。その1つは,子どもたち自身が,友達が泣いていることを心配しているから,慰めていることが考えられる。年長になると心の理論が発達しており,他者の心を推測することができるようになる（例えば,Pernerら,1987）とされているように,ミワらも,モモカの気持ちを理解して慰めているのだろう。

ただ,それだけでなく,ミワもゲンキもまず,泣いているモモカを見て,リツコ先生に「モモカちゃん,泣いてる」と報告しているが,これは何か問題があった場合には,リツコ先生が,必ず助けてくれると,子どもたちが捉えているからであろう。また,モモカもリツコ先生のことを頼っており,リツコ先生であればモモカの悲しみを取り除くことができると,子どもたちは考えているからではないか。

> リツコ先生の語り②：(5月27日)
> 私：給食の時にモモカちゃんずっと泣いてましたね。声も出さずに…。
> リ：ずっと，私にぴったりとくっついていることで，モモカちゃんはお友達と遊ぼうとしなくて，年長だし，友達と関われるようになって欲しいと思っていて。で，お友達はモモカちゃんのことを気にしているので，何かあってもお友達に助けてもらえるようになるといいのかなと思って，最近では，なるべく子どもたちに任せるようにしています。
> 私：モモカちゃんが声を出さずに泣いていたから，大丈夫？って聞こうとしたら，ミワちゃんが慰めて，ゲンキくんも来て，みんなが心配してたので行けなかったんですけど。(中略)
> リ：私が行ってしまうと，モモカちゃんは，他の子を頼らなくなってしまうし，今だからこそ，友達を頼って欲しいなと思って，まったく気にしていないふりをしていました。

　この語りから，リツコ先生はモモカのことを気にしていないのではなく，実は，気にしているが，自分が直接関わることで友達との関わりの機会をなくしてしまうと考えている。リツコ先生は，モモカに心を傾けながら（接面）も，「敢えて関わらない」（田中，2015）行動をとっていた。この行動には，モモカがリツコ先生ではなく，友達を頼って欲しいということと，周囲の子どもたちにもモモカのことを気にして欲しいことから，モモカには「敢えて関わらない」行動を取っている。一方で，周囲の子どもには，「大丈夫？何かあったの？って聞いてあげて」と，モモカに関わるように話している。つまり，リツコ先生はモモカに，「敢えて関わらない」が，子どもたちにはモモカに，「敢えて，関わって欲しい」と願っている。年長になると，自律して情動調整をすることが求められるが，リツコ先生は自分を頼らず，また，一足飛びにモモカに自律した情動調整を求めているのでもなく，友達を頼ることで情動調整をすることを望んでいる。
　よって，ここでのリツコ先生のモモカへの関わりは，「敢えて関わらな

い」行動，あるいは，消極的な行動を取りながらも，子どもたちを通して，間接的に関わっているともいえる。この一連のリツコ先生の行為は，目に見える行動レベルのものである。だが，リツコ先生の語りから，ただ単に，自分は関わらず，子どもたちにモモカのことを任せようとしているのではないことがわかる。

　私は，リツコ先生の「敢えて関わらない」行動だけを表面的に捉えて，「こんなにモモカが泣いているのに，リツコ先生は気にするそぶりもない上にモモカのそばに行かないのか」と疑問に思ったが，実は，リツコ先生とモモカのあいだの接面では「双通する情動」があることを捉える必要がある。「双通する情動」とは，互いに情動（ポジティブな情動もネガティブな情動も含む）が，つながり合ったり，通じ合ったりすることを意味し，ここでの接面では，モモカの「先生，悲しいの」という情動が，「モモカちゃん，悲しいんだね」と，リツコ先生にも双通している。

　本来であれば，保育者は泣いている子どものそばへ行って，子どもの気持ちに寄り添うものだと考えてしまいがちである。だが，リツコ先生は「敢えて関わらない」行動を取っている。一方で，モモカの気持ちを考えると，モモカは「敢えて関わって欲しい」と考えていることが伝わってくる。つまり，リツコ先生とモモカの接面での双通する情動に，実は，ズレがあった。

　このように，リツコ先生とモモカの思いにズレも生じるが，モモカの内部で動いている情動は，接面を通してリツコ先生に双通しており，モモカの情動もリツコ先生に双通している。私がズレと感じたのは，モモカがリツコ先生を求めているのに対して，ここでのリツコ先生は，モモカにもっと友達とつながって欲しいと願っているため，「敢えて関わらない」行動を取り，友達を通して間接的に関わり，なおかつ，見守っている（上田ら，2017）ことから生じるものであると考える。

エピソード3：突然，泣くのをやめるモモカ（5月27日：給食の準備中）

> 　モモカは，友達が慰めに来ても泣き止まない。周囲の子どもたちも半ば諦めたのか，特に声を掛けるのもやめて，給食の配膳を待っていた。
> 　ところが，リツコ先生が「あおグループおいでー（おかずをとりにきて）」と呼びかけた途端，これまで泣いていたモモカが，一瞬にして涙が引き，おかずを取りに行った。

【考察】これまで，友達が入れ代わり立ち代わり慰めても泣き止まなかったモモカが，先生の呼びかけによって，まさに一瞬で涙が引いていったのを見た。いったい何だったのか，なぜ泣いていたのか，その理由は結局のところわからなかったが，自分で情動調整をしたというよりも先生の呼びかけがきっかけになったようである。

つまり，モモカ自身は友達によって悲しいというネガティブな情動を調整することはできていない（どちらかと言えば望んでいない）が，リツコ先生のことは信頼しており，リツコ先生の呼びかけで，情動調整ができたのではないか。

リツコ先生の語り③：（5月27日）
私：でも，先生の「あおグループおいでー」の呼びかけで，すぐに泣き止んでましたね。
リ：そうそう，意外とケロッとすることもあるんです。でも，いつまでも泣いていることもあるし。今日は，「どうして泣いてたの？」って聞かなかったんです。どうしようか迷ったけど。前，泣いていた時に手をつないでいたけれども，それでも，ずっと泣いていたっていうのがあったからかな。

エピソード2で，私は，モモカが泣いているのにリツコ先生はなぜ気にしていないのか，そばに行かないのだろうか，と疑問に思っていたが，リツコ先生がモモカに敢えて理由を聞かなかったという話を聞いて，リツコ先生が

モモカを気に掛けていることがわかった。私は，目に見えることだけを見て判断していたが，目に見えない接面でリツコ先生とモモカが，情動的に双通しているのだと言えよう。

　このようなつながりを土台としてリツコ先生は，モモカと友達をつなげようとしている。このことについての事例をエピソード4に示す。

エピソード4：リツコ先生のエプロンを掴み，ミワと手をつなぐモモカ
　　　　　　　（6月3日：午前中の自由遊び）
【背景】この日は，モモカが転園してきて約2か月が経っていた。モモカは，リツコ先生のそばにいながらも，自分の意志でこの園での生活を送っているように感じられた。時々，笑顔もあり，自分の好きな遊びを見つけて遊ぶようになってきた。

> 　私が，B園につくと，モモカは，右手でリツコ先生のエプロンを掴んで，左手でミワの手をつないで園庭を歩いていた。そのそばには，アカリもいる。「モモカちゃん，おはよう」と声を掛けると，モモカは何も答えず，「さっきまで泣いていたのかな」という表情をしていた。リツコ先生は，私の表情を見て察したのか，「最近は，朝だけ泣けてきちゃうんです」と教えてくれた。続けてこっそりと，「ちょっとでも触れてると安心するんですよね」と話してくれた。

【考察】エピソード2では，リツコ先生は，モモカの情動を理解しつつも，モモカに対して自分を頼るのではなく，友達を頼って欲しいと願っており，自分を媒介としてモモカと周囲の友達をつなげようとしていた。その媒介の方法として，ミワやゲンキたちに「大丈夫だよって言ってあげて」と頼んでいた。その他にも，このエピソード4のように，リツコ先生は，モモカと一緒にいて仲介役になりながら，モモカとリツコ先生の接面を友達にも広げてモモカが友達と接面でつながっていけるように関わっている。それが，モモカと友達同士での情動調整が可能になっていくという育ちにつながっていく

のではないか。実際、モモカはリツコ先生を求めながらも、友達との関係も築こうとしている。

　モモカが右手でリツコ先生のエプロンを掴んで、左手でミワの手を掴んでいるのは、不安な気持ちをリツコ先生のエプロンを掴むことで調整したいという思いと、友達とも遊びたいという思いが両義的に表れており、そうすることで不安定な心のバランスを取ろうともしているのではないか。

　このエピソードは、モモカが自分で何とか歩いていこうとしている自立的な育ちの見えた場面であった。

リツコ先生の語り④：(6月3日)
私：モモカちゃん、今日、いっぱい笑ってましたね。
リ：だいぶん慣れました。最初は、しっかり手を握ってましたけど、全部の手が、4本になって、次の日は3本、その次の日は2本そして、指1本だけになって、今は、エプロンでも安心するみたいです。最近は、友達とも遊ぶようになってきました。

　エピソード2では、敢えて関わらないようにしていたが、この語りでは、リツコ先生は、手を一気に放してしまうのではなく、徐々にモモカのペースに合わせながら放していることが分かる。リツコ先生は、モモカのペースに合わせながらも、思い切った「敢えて関わらない」ことも時には、必要なのではないかと考えているのではないだろうか。

エピソード5：モモカの声が響く保育室 (6月7日：午前中の自由遊び)

　モモカとミワがしゃがんでいるサナの手を引っ張って遊んでいる。何をしているのかそばに近寄ると、モモカは「おもーい」と笑いながらサナを運んでいるようであった。サナは「連れてってー」と甘えたような声を出していた。モモカが声を出していると思いながら、私はモモカたちに「おはよう」と声を掛けた。モモカが「誰だっけ？」と言うと、ミワが「先生だよ」と突っ込み的な言い方で言

っていた。そのあとすぐに、しゃがんで引っ張るという遊びに戻り、「おもーい」「連れてってー」を繰り返していた。

【考察】リツコ先生へのインタビュー④にもあったように、モモカは友達とも遊ぶようになってきた。私は、これまでモモカの声を聞いていなかったので不思議な感じがしたが、一見、何の意味もないようなただ触れ合う遊びによって出されるモモカの言葉が、モモカの心地よさを表しているように感じられた。

リツコ先生の語り⑤：(7月8日)
キ：今年は、そんなに不安な子はいないね（お泊り保育を不安に思っている子どもはいない）。まあ、中にはいるけど、あんまりこちらが不安になる子がいないね。モモちゃんも、泣かなくなったしね。
私：モモカちゃん、すごく楽しそうに遊んでますもんね。
リ：そうですね。ミワちゃんが、誘ってくれたりしてくれるので、一緒に遊ぶようになってきました。
私：あんまり、泣かなくなったんですか？
リ：うーん、そうですね。気持ちの切り替えができるようになったのかな。たまに、泣いてることもありますけど。

　リツコ先生の語り⑤は、エピソード5の時点のもではなく、ホールでお泊り保育の事前の取り組みを終えた後、キクノ先生、リツコ先生、私とで、お泊り保育の話をしていた時の語りである。この頃になると、モモカは、友達の誘いに乗って一緒に遊ぶようになってきた。
　ここでリツコ先生が語っている"気持ちの切り替え"というのは、第6章でキクノ先生が、年長時の情動調整を「心根を変える」という捉えに相応すると考えられる。この「心根を変える」とは、泣きたい、怒りたいなどの情動を自分自身で調整して問題を解決することであるが、ただ単に、問題を解

決して情動調整をするだけではなく，問題に対して向かっていこうとする力とそこで生じる情動を調整しようとする力を培っていくということである。リツコ先生は，キクノ先生と同じ年長をもち，年長の設定的な活動は，常に一緒に行い，指導計画や日案を学年ごとのミーティングなどで共有し合っていることもあり，子どもに対する情動調整の捉えも共通する面があると考えられる。

よって，この語りからリツコ先生は，モモカに心根を変えて欲しいと願っており，その願いからモモカに対して，敢えて関わらなかったり，モモカと友達をつなげることをしたり，徐々にリツコ先生の手を放していける関わりをしていることが垣間見えた。

エピソード6：自分から友達を頼って情動調整をするモモカ
（2月28日：昼食の片付けの時間）

【背景】もうすぐ生活発表会があり，歌や合奏，劇の練習をしている。合奏の太鼓や鍵盤ハーモニカ，鈴，木琴，鉄琴の音が聞こえてきて，子どもたちの表情も真剣だった。劇で使う小道具なども保育者と子どもたちが作っている。ロッカーの上や段ボールの中にも作った小道具が入っていた。ただ，生活発表会前で緊張しているのか，ちょっとしたケンカ（言い合い）が増えてきた。最近は，友達をただ責めるのではなく，理由も伝えながら相手に自己主張をしていることが多くなってきた。

水道場の近くで，子どもたちが何やらもめている。その中で，モモカが泣いている。私は，久しぶりにモモカの涙を見たような気がして，その様子を伺っていた。そこには，モモカ，レミ，ゲンキ，ハルミ，ミワ，メイ，クミ，ショウらがいた。レミが，「壊れるから触っちゃいけないんだよ」と声高く言っている。どうも，モモカ，ミハル，ミワが発表会で使う小道具の冠やネックレスなどの宝物を触ったようだった。さらに，レミが「先生に聞いた？先生に聞いてから触らないといけないんだよ。みんなで作った大切なものなんだからね」と言っている。

その騒ぎを聞きつけて，野次馬的なギャラリーが見学しにきた。レミは，後から来たミコにこれまでのいきさつを説明している。モモカは，さらに声を出して泣き続ける。

　私は見かねて，「泣くまで言わなくてもいいじゃない。モモカちゃん，泣いているよ」と，私は言いながら内心，「しまった，口出ししてしまった…」と思いながらも，さらに「モモカちゃんもわかったっていってるじゃない」と続ける。

　そこへ，タイセイとコウタがやってきて，「なんで，モモカちゃん泣いてるの？」と聞いてきた。すると，クミが「もう，男たちはいいの，こないでよ」と，なんだかますます雲行きが怪しくなってくる。モモカは泣き続けているが，だんだん，対モモカではなく，対男の子のようになっていった。

（中略）

　タイセイは，触ってはいけないと指摘されている冠を手に持ってじっと見ていたが，静かにその場から離れていき，折り紙を手に持ってみている。その後から，モモカが同じように静かにタイセイの方へと行き，タイセイの背中に飛びつき，笑顔を見せていた。

【考察】久しぶりにモモカの涙を見たような気がして，私は少し離れたところから見ていたが，モモカの涙があふれていたため，気になって近づいて行った。しかも，思わず「モモカちゃん，泣いてるよ…」と口を挟んでしまい，内心「しまった」と反省した。モモカは，レミに「触っちゃいけないんだよ」と言われても，自分が悪いと思ったのか反論はしていなかった。レミの口調がきついため，悲しくなったようだった。ただ，以前のように，不安でただ悲しくて泣いているのではない。途中，助けに入ってくれたタイセイたちも，「もう，男たちはいいの，こないでよ」と，責められたため，静かに去っていったが，モモカはその後を追っていった。モモカは，タイセイが自分のことを気にしてくれたことが嬉しかったのだろう。エピソード２では，友達を受け入れなかったモモカだったが，ここでは，自分からタイセイに飛びついて笑顔になり，情動を調整していた。

第4節　第7章のまとめ

　本章では，年長児が表出するネガティブ情動の調整に保育者がどのように関わっているかを接面に着目して，明らかにしていくことを目的とし検討した結果，以下のことが示唆された。

第1項　モモカとリツコ先生のあいだの接面で双通する情動

　転園当初，モモカは担任のリツコ先生だけを頼っており，友達を受け入れようとはしていなかった。リツコ先生も，モモカが少しでも早く園生活に馴染めるようにそばにいて，不安になったら，不安を解消できるように積極的に関わっていた。だが，そのようなモモカに，リツコ先生は自分だけを頼らず，友達を頼ってネガティブな情動を調整し，先生だけでなく，友達とも関わって欲しいと願っていた。そのため，リツコ先生は，モモカがネガティブな情動を表出していても，敢えて関わらず，見守りながら友達とモモカをつなげようとしていた。つまり，リツコ先生はモモカが友達ともつながっていけるようにモモカに対して，これまでの積極的な関わりから消極的な「敢えて関わらない」という行動を取っていた。

　リツコ先生の行動だけを見ると，筆者がエピソード2の考察で述べたように，「モモカが泣いているのになぜ，そばに行かないのか」と感じるのだが，実は，行動だけでは理解しづらい目には見えない（鯨岡, 2016）モモカとリツコ先生のあいだの接面には，双通する情動が常にある。つまり，互いに情動的につながり，通じ合っている。

　また，モモカとリツコ先生のあいだの接面には，これまでの二人の関わりの歴史（鯨岡, 2016）が刻み込まれている。モモカが転園してきてから，エピソード4まで，ほんの約2か月という接面の関わりの歴史ではあるが，この2か月間は，不安で頼る相手がリツコ先生だけであり，その中でリツコ先

生がモモカに対して,「大丈夫だよ」と, 全面的に受け入れてくれたという事実がある。この二人のあいだに生じてきた行動的事実（モモカが安心できるよう常にそばにいた, 一緒に遊んだなどの行動的事実）(鯨岡, 2016) があるからこそ, モモカは徐々に, リツコ先生とモモカの1対1の関係性から, 友達へと広げていったのではないか。そして, リツコ先生の「敢えて関わらない」行動もきっかけとなって, モモカの友達との関係性につながっていったのだと考える。

第2項　接面で生じる双方の思いのズレに対する保育者の調整

　リツコ先生とモモカの接面では, 互いの情動が常に双通しているが, 時にはズレが生じることもある。

　リツコ先生が, モモカに対して自分だけを頼るのではなく, 友達にも頼って友達ともっとつながって欲しいと願い, 敢えて関わらない行動を取っているが, モモカ自身は, リツコ先生に「敢えて関わって欲しい」と思っており, 双方の思いにはこのようなズレも生じる。もちろん, 例えば, リツコ先生とモモカのあいだの接面では, モモカの「先生, 悲しいの」という情動が,「モモカちゃん, 悲しいんだね」と, リツコ先生にも双通しているように, 双方には,「双通する情動」が常に共通してある。だが, ズレも生じる。この場合のズレは, リツコ先生が敢えて作ったズレといえる。モモカのそばに来て欲しいという思いは, リツコ先生は理解しているのだが, ここで自分がモモカのそばに行ってしまうと, 他の子を頼らなくなってしまい, 今だからこそ, 友達を頼って欲しいと思って, まったく気にしていないふりをしている。つまり, 教育的意図のあるズレといえる。

　上記したように, リツコ先生は敢えて関わらないという消極的な関わりをしながらも, リツコ先生とモモカの接面で敢えて作ったズレも, モモカの気持ちを受け止めつつ, エプロンでつながったりしながら調整していた。つまり, モモカとリツコ先生の双通する情動を基盤として, リツコ先生は積極的

な関わりから消極的な関わりをしながら，モモカが接面を他児につなげていけるよう関わっていた。モモカにとっても，リツコ先生のエプロンを右手に掴んで，左手に友達の手をつなぐこと（エピソード4）は，必要な行動であった。このモモカの行動が，情動調整となり，モモカの他児への消極的な関わりから，積極的な関わり（エピソード5）になっていったと言えよう。よって，リツコ先生との接面を，モモカ自身が友達へと広げていった。図7-1は，モモカとリツコ先生の接面において，リツコ先生の行動レベルが積極的関わりから消極的関わり（敢えて関わらない）になっても双通する情動は基盤として必ずあり，モモカも徐々にリツコ先生から友達へと関わりを広げていった。つまりこれが，友達との接面へとつながっていくことを示している。

　エピソード6では，モモカは泣いてはいたが，自分で友達に関わりネガティブな情動を調整している。モモカは1年を通して，リツコ先生との接面だけでなく，友達にも接面を広げ，積極的に友達と関わっていくようになった。リツコ先生は，モモカにネガティブな情動が表出したときには，友達を頼り，なおかつ，気持ちを切り替えて友達と関わって欲しい，と願っているが，こ

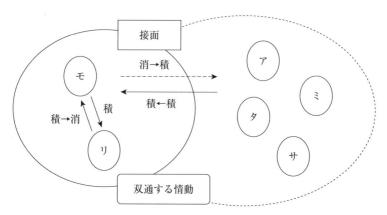

モ→モモカ　リ→リツコ先生　ア→アカリ　タ→タイセイ　ミ→ミワ　サ→サナ

図7-1　接面で双通する情動の概念図

のことが,「心根を変える」ことであり,モモカも1年を通して,心根を変え,問題が生じても問題に立ち向かい,ネガティブな情動が表出したとしてもその情動を,友達を頼りつつも自らの力で調整する力が育っている。

　以上より,リツコ先生はモモカの気持ちを受け止めながらも,意図的にモモカに友達とも関わることができるよう,敢えて関わらないという選択をしていた。だが,このような行動を選択していたとしても,リツコ先生は,モモカの気持ちに応えることもしながら,モモカが自ら友達とつながっていけるよう支えていた。保育の場では,子ども同士をつなげていくことが,保育者の役割の1つとされている。その方法として,直接的につなげていくこともあるが,時として,子どもに敢えて関わらないことで子ども同士をつなげていくこともある。だが,そこには子どもとの双通する情動があることが前提にあるからこそ,子どもの自律の一歩になっていくのだといえよう。

終章　総合考察
子どもの関係性における情動調整の新たな理解

　最後に，前章までの知見を踏まえて，本章では総合的に考察する。特に，子どもが人と人との関係性においてどのように情動調整をしているのかを接面に着目しながら述べていく。接面に着目したことで，子どものどのような情動調整が見出されたか，新たな示唆について提言していく。また，本書から得られた意義や，本書の限界や課題について述べる。

第1節　接面の視点に基づいた関係性における幼児の情動調整

　本書では，情動調整を実験的研究や実証的研究において客観的に発達過程や方略などで捉えるのではなく，幼稚園，保育所，認定こども園という文脈で，年長児が友達や保育者との関係においてどのように情動を調整しているのかを接面（鯨岡，2013・2016）の視点に基づき捉え明らかにすることを目的とした。子どもが友達とのあいだでどのように情動調整をしているかを筆者が当事者として関与観察を行い接面に入り込み，その接面の当事者として子どもの情動調整を描き出した（鯨岡，2013）。
　第1章では，情動調整研究に関する背景を描き出し，これまでの情動調整に関する研究を概観した。これまでの情動調整研究では，発達に視点を置いた研究が多く散見されたため，情動調整の発達に関する先行研究を概観し，幼稚園，保育所，認定こども園などの集団の場における子どもの情動調整との先行研究を検討した。その結果，乳幼児の情動調整の発達は，乳児の運動能力や認知能力の発達に支えられ，養育者や保育者，友達という外在的な存在に助けられながらも，自律した情動調整へと移行していくことが示唆され

た。

　第2章では，情動，情動調整，情動調律に関する定義を整理し，関係性における子どもの情動調整を捉えていくために，本書が依拠する理論的枠組みについて述べた。情動調整の定義においては，主体が環境に適応し生存していく際に情動が柔軟に働く変化の全体を指すことと定義づけた。また，情動調整を個体内で進行する内在的なプロセスだけでなく，人と人とのあいだで生じる関係的なプロセスとして捉えた。本書で依拠する枠組である接面パラダイムは，接面の一方の当事者である研究者自身がその接面で起こっていることを自らの身体を通して感じ取ることに重きを置く枠組みである。接面で生じている目に見えない心の動きをその接面の当事者である実践者（関与観察者）は，その関わりの機微（心の動き）を掴むことができる。よって，本理論に依拠すること，すなわち，関与観察を通して筆者が当事者として接面で感受したことをエピソードに描くことによって，子どもの友達との関係においてなされる情動調整を明らかにすることができると考えるため，本理論を採用した。

　第3章では，本書が依拠する質的研究方法として，関与観察とエピソード記述と語り合い法について述べた。この関与観察とエピソード記述については，本書が「接面」の枠組みに立つため，この方法が必要となることを言及した。本書では，関与観察以外にも，保育者へのインタビューを通して，保育者が子どもの情動調整をどのように捉えているのか，保育者の年長児の情動調整にどのように関与しているのかについても明らかにするが，このインタビューを通して，本論では「語り合い」法（大倉，2011）というアプローチを参考にしながら，保育者から得られた語りを分析することについて述べている。また，本書において，年長児に着目した理由として，年長児は，自律して情動を調整したり，抑制したりすることが当たり前だと捉えられており，年長児の情動調整に対する保育者の捉えや関わり，育ちなどが情動調整という文脈では明らかにされてこなかったことからも，年長児の情動調整の

様相を明らかにすることは意義のあることと考えた。また，年長児になると，情動調整の必要性を感じ意識的にまた，主体的に情動調整しようとするようになることからも年長児に着目した。

　第4章では，Grossの情動調整方略を参考に，友達関係において年長児がどのように情動調整をしているのかを検討した。さらには，鯨岡の接面に着目し，友達関係に生じた接面を捉え，そこでなされた情動調整を明らかにすることで，先行研究では得られなかった一方向的ではない，相互的な情動調整が見出された。また，接面に視点を置いたことによって，新たな子どもの情動調整が明らかとなり，これまでの方略では捉えられていない「同調的な情動調整」と「関係歴史的な情動調整」の知見が得られた。「同調的な情動調整」では，「自分の情動調整」を試みている中で，「相手の情動」を見て（気づき）「自分だけでなく相手の情動」も同時に調整しようとするプロセスとして捉えることができる。Grossが情動調整を個人が行うこととして捉えているのに対して，「同調的な情動調整」は，二者のあいだの接面に視点を置くことでみえてきた情動調整といえる。さらには，約1年を通したハルトとタクヤの二者の関係の歴史の中で相手の情動を調整し，相手のために自分の情動を調整しようとする様々な情動調整が展開されていることも示唆された。

　第5章では，年長児クラスにおいて関与観察を行う中で，2つの事例から導き出された「ネガティブな情動を表出したセイヤは，友達から突き放されたにもかかわらず，なぜ情動を調整できたのか」という問いを幼児同士の接面に着目し，間主観的に把握し検討することを目的とした。結果として，友達からの突き放す行動には批判だけではない励ましや優しさの意味が込められていたことや，叱咤激励の意味があり，このことがセイヤの悲しみや緊張，不安などを解すことになり，情動調整につながっていたことが明らかになった。しかし，本章において見出された意義は，セイヤが突き放されたにもかかわらず情動を調整し，そこには実は，励まされていたことや教えてもらっ

たことが暗に含まれていたことにあるのではなく，むしろ，セイヤと友達とのあいだ（接面）で織りなされている，一見しただけでは見えにくい情動や気持ちを描くことと，この問いを接面に着目しながら検討していく中で，筆者自身が解釈にゆらぎを感じ，解釈を捉え直していったことも一つの意義であることが示された。つまり，幼児同士の接面に着目し，その接面で生じていることを描きながら，筆者がゆらぎを感じつつ，解釈を捉え直すことによって，幼児らの捉えにくい思いが描き出された。

　第6章では，保育者は年長児の情動調整をどう捉え，関わっているのか，また，その保育者の関わりを通して年長児の情動調整がどう育っていったのかをキクノ先生に焦点を当てて明らかにすることを目的とし，検討した。その結果キクノ先生は，年長児の情動調整を，「心根を変える」ことだと捉えており，それは単に，問題解決のために情動を調整するのではなく，問題に対して向かっていこうとする力とそこで生じる情動を調整しようとする力を培って欲しい，延いては年長児は，その力を発揮できると信じている。その力は，端的に変わったり，育まれたりするものではなく，1年を掛けて，さらには，年少児・年中児から育んでいけるようにするためにキクノ先生ならではの「関係性」を作ろうとしていることが明らかになった。したがって，「保育者の捉え」とは，問題に立ち向かう力やそこで生じる情動（悲しみや苦しみ，怒りなど）を調整する力，いわゆる非認知能力の部分を育てるために，長期的な視点に基づく「関係性」の構築に対する認識といえる。スミレ組の子どもは，年長の1年を通して，問題に向かいつつ情動を調整し，子ども同士も言い合える関係性や，相手を互いに必要とし，思い合う関係性を築くようになった。また，子どもの情動調整は，保育者だけでなく，他の子どもとの関わりや子ども自身の多様な経験による育ちなどの相互作用によるものであることが示唆された。

　第7章では，年長児が表出するネガティブ情動の調整に保育者がどのように関わっているかを接面に着目して，明らかにしていくことを目的とし検討

した。その結果，年長時に転園し不安を抱えたモモカが，当初は，担任のリツコ先生だけを頼っており，友達を受け入れようとはしていなかったが，リツコ先生の「敢えて関わらない」という消極的な関わりを通して，徐々にモモカは，友達とも関わるようになっていった。そこには，実は，リツコ先生の行動だけでは理解しづらい目には見えない（鯨岡，2016）モモカとリツコ先生のあいだの接面では，「双通する情動」が基盤として常にあることが示唆され，モモカはこの双通する情動に支えられながら，友達にも接面を広げ，関わりをもつようになった。時には，リツコ先生とモモカの接面において，双通する情動にズレが生じることもある。このズレは，モモカに対するリツコ先生の教育的意図のある願いであるが，モモカの気持ちも受け止めつつ，エプロンでつながったりしながら互いの関係を調整していた。リツコ先生は，モモカにネガティブな情動が表出したときには，友達を頼り，なおかつ，気持ちを切り替えて友達と関わって欲しい，と願っているが，このことが，「心根を変える」ことである。モモカも1年を通して，心根を変え，問題が生じても問題に立ち向かい，ネガティブな情動が表出したとしてもその情動を，友達を頼りつつも自らの力で調整する力が育っている。

第2節　関係性における年長児の情動調整研究への示唆

　以上の知見を踏まえ，年長児の情動調整を「接面の視点に基づく関係性」から捉え直していくことによって浮き彫りになった年長児の情動調整への示唆について述べる。

第1項　関係性の中で育つ年長児の情動調整

　序章で述べたように，これまでの情動調整研究は，実験的研究や実証的研究において客観的に発達過程や方略などを捉え，子どもの個々の能力に着目してきた。一方で，子どもは家庭や幼稚園，保育所，認定こども園という社

会的文脈の中で，人と人との関係性において情動調整をしており，子どもの人と人との関係性に着目し，幼稚園，保育所，認定こども園などでの情動調整も明らかにされてきた。だが，主に，年少児，年中児に焦点を当てた研究であり，年長児の情動調整についての研究はなかった。

筆者が本書において関与観察したＡ認定こども園においても，Ｂ幼稚園においても，関与観察を始めた頃の年長児に対して，ネガティブな情動を表出することが少なく，表出していたとしても，自律して情動調整をしており，特に大きなトラブルもなく穏やかな日常を送っていた印象があった。一方で，年少児と年中児は，すぐにケンカが発生し，大泣きの嵐に見舞われ，時には，「先生，〇〇ちゃんがブロック貸してくれない」，「先生，〇〇くんが押した」と保育者を求める声が飛び交い，たたき合い，つねり合いのケンカになることもしばしばであった。このようなネガティブな情動が多発する年少児，年中児の日々の保育を通して保育者は，一人ひとりに丁寧に関わり子どもの思いを受け止め，時には見守り，どうしていったらよいのかを共に考え合いながら調整する援助をしていた。

年少児，年中児の情動調整に関する研究が多いことの背景には，上記したような子どもの現状があると考えられる。だが，本書では，年長児の保育に関与し，観察する中で，年長児も葛藤やネガティブな情動があり，個人で完結するのではなく，接面に視点を置いたことによって，友達との関係の中で調整していることが示唆された。すなわち，年長児が個々人ではなく，関係性において，「同調的な情動調整」と「関係歴史的な情動調整」という情動調整をしていることを第４章で見出した。

まず，「同調的な情動調整」について述べる。この情動調整は，子どもが「自分の情動調整」を試みている中で，「相手の情動」を見て（気づき）「自分だけでなく相手の情動」も同時に調整しようとするものである。これは，友達同士の接面で起きており，接面で捉えたからこそ見えてきた情動調整である。この同調的情動調整は，方略ではない。同調的情動調整では，相手の情

動を読み取る力や，相手の気持ちになって考える力，文脈を読む力，コミュニケーション能力，情動を調整する力を同時に発揮することが必要となる。さらに，この同調的情動調整は，園生活において築いてきた関係の中で，相手の情動を調整し，相手のために自分の情動を調整しようとする関係の中での情動調整である。

次に，「関係歴史的な情動調整」は，情動調整を相互にし続ける関係性がある中でなされる情動調整であり，人と人との歴史が刻み込まれた関係性の中でこそ生じる関係歴史的な情動調整である。

この2つの情動調整は，年長児に見出された情動調整であるが，本書での対象児であるハルトとタクヤの関係性で育まれた情動調整である。換言すれば，子どもは，様々な人との関係において，その文脈の中で様々な情動を表出する。また，その情動を相手との関わりの中で必要だと感じたり，調整したいと思ったりしながら調整をする。これは，誰にでも生起するというわけではないし，これを育てていきましょうというものでもない。私（子ども）とあなた（子ども）との関係性だからこそ，生起する情動調整であり，この関係性を捉えていくことが重要となる。

だが，先にも述べたように，子どもの情動調整を個人内で行うことと，個人の能力としてみることは，関係性の中で育つ情動調整を捨象してしまうことになり兼ねない。情動調整は人との関係性の中でこそ生起するものであるにもかかわらず，個人の能力として捉えることで，人との関係性の中で表出される情動と，その関係の中で調整することを学ぶことも見逃してしまうことにもなってしまう。

だからこそ，保育者は，子ども同士の関係性をその場だけでなく，長期的に捉えていきながら，その子どもたちの情動の意味も把握しつつ，子どもの情動調整を支えていく必要がある。よって，本書での子どもの情動調整は，関係性の中で発達していくこととして捉えていくことの必要性を示唆するものである。

第2項　双通する情動を捉えること

　第1項で述べた関係性は，子ども同士だけでなく，当然，保育者と子どもにもあり，また，同様に肝要である。第7章では，子どもと保育者のあいだの接面を捉え，子どもと保育者の関係性において，子どもが情動調整をすることを見出している。すなわち，年長児もネガティブな情動を表出し，保育者もその調整を支えていることを明らかにした。年長児の関係性における情動調整に対しても，保育者の関わりが重要である。

　本書では，問題に対して向かっていこうとする力とそこで生じる情動を調整しようとする「心根を変える」という保育者の捉えを明らかにした。保育者は，保育者のその人らしさが刻み込まれた関わりをしながら，子どもが心根を変えていけるよう支えている。

　心根を変える関わりとして保育者は，時に，「敢えて関わらない」（田中, 2015）という消極的な関わり（芦田, 2019）をすることもある。敢えて関わらない行動には，"幼児の感情に配慮する" "幼児の主体的な行動を引き出す" "幼児同士の関係を引き出す" という働きがある（田中, 2015）。それだけでなく，田中（2014）によると，自分自身の感情と，自分が置かれている状況とのあいだで葛藤する幼児の情動の動きに「間（ま）」を造り，幼児が自律的に情動を調整することを促す保育者の行動のしくみがあるとしている。

　だが，この「心根を変える」という捉えの根底には，田中の主張する働きだけでなく，「双通する情動」が常にあることを認識しなければならない。接面には，行動だけでは理解しづらい目には見えない（鯨岡, 2016）「情動的つながり」がある。本書では，子どもと保育者とのあいだの双方向の情動的つながりを「双通する情動」と，捉えた。この「双通する情動」が常に基盤としてあることで，子どもは徐々に，自分と保育者とのつながりから，新たな友達とのつながりを築いていく。よって，日々の保育においても，保育者は子どもとの関係性において双通する情動を認識しながら，子どものネガテ

ィブな情動を調整することを支えていく必要がある。

　また，当然ではあるが，子ども同士の関係性においても情動が双通しており，第4章，第5章の子ども同士，さらには，第7章の子ども同士にも，情動が双通している。保育者や子どもとの関係性における双通する情動を表したものが図終-1である。

　人が人と共に生きている中で，人は，ポジティブな情動だけでなく，ネガティブな情動も沸き起こる。その関係性で，「相手の気持ちを思い―思われる」，「あなたの気持ちを受け止めたい―私の気持ちを受け止めて欲しい」，「ネガティブな情動を調整したい―してあげたい」，「一緒にいたい―いてあげたい」など，関係構築的な土台としての双通する情動を，まずは，保育者が築いていくことが重要であると考える。

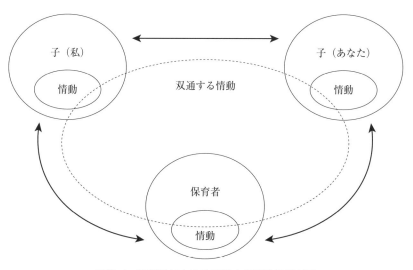

図終-1　関係性における双通する情動の概念図

第3項　保育者に対する関係構築的な情動調整に対する提言

　前述した，双通する情動を関係構築的な土台として，保育者が子どもとの

関係性に基づいて子どもの情動調整を支えていくために，以下の3点について示唆する。

第1に，第5章で述べた子どもの言動や行動を否定的に捉えないことである。

子ども同士のやりとりは，時として不可解なことがある。ケンカをしているのかと思えば，次の瞬間笑っていたり，昨日「もう，絶交だからね」と言いながら別れていったにもかかわらず，今日は「一緒に，座ろうねー」と仲良くしていたり，「そんなこともできないの」と言いながらも，友達のことを陰ながら応援していたりと，表面だけで見ると首をかしげてしまう。だが，子どもの批判的な関わりを目に見える行動レベルのやりとりだけで捉えるのではなく，目に見えない子どもの思い，つまり，接面を捉えて子どもの心にある思いを描き出すことが必要になる。

なぜ，そのような行動を取るのかという問いに対して，その場に関与しながら子どもの行動を何度も捉え直し，子どもと子どもとの関係性を捉えていくことで，見えづらい子ども同士のやりとりの意味が見えてくる。したがって，第5章で接面の視点に基づき，筆者自身がゆらぎを感じ，解釈も捉え直していったことに意義がある。そこでは，子ども同士の接面に着目し，その接面で生じていることを描きながら，筆者がゆらぎを感じつつ，解釈を捉え直すことよって，子ども同士の捉えにくい思いが描き出された。

保育の文脈における子ども同士の関わりの中で，一見すると，突き放す行動のような批判的な言動はよく見られるが，その背後には子ども同士が積み上げてきた関係性があり，その中で幼児なりの葛藤や思いをぶつけ合いながら，互いに思いを読み取り情動の調整を助けるものと，情動を調整するものの育ちがある。本書での理解しづらい一人ひとりのネガティブな言動や情動に，ゆらぎを感じつつ，解釈を捉え直しながら丁寧に見ていったことは，保育者への子ども理解をする上での一つの示唆となる。

第2に，第7章で述べたように，子どもと保育者との関係性における双通

する情動には，時に，互いの思いにズレが生じることもあるが，それは，保育者の教育的意図によるズレであるということである。つまり，保育者が子どもの思いを理解していたとしても，敢えて子どもに教育的意図を向けてその子どもの思いに応えないこともある。これは，批判的なことを否定的に捉えないことと共通しており，保育者の子どもに対する一見すると否定的な行動も，否定的な意味ではない。ただしそこには，保育者と子どもとの双通する情動が基盤としていないと意味はない。

また，この場合，保育者が子どもに対して「こうあって欲しい」という教育的意図が，その子どもにとって今，必要なことなのかを問い直していくことと，その子どもが保育者の教育的意図をどのように受け止めていくことができるのかを，実際に関わりながら調整していくことも重要である。

第3に，第6章で，保育者の年長児の情動調整を「心根を変える」と捉えており，そのために，保育者と子ども，子ども同士が言い合える関係性を構築したり，時には，保育者が，子どもになって仲間に入ったりすることがある。このように保育者は，子どもの情動調整を育んでいくために，目の前の子どもたちに必要な関係性を築いている。保育者の子どもの情動調整に対する捉えは，保育者一人ひとり類似点はあるが，異なっており，その人らしさが反映される。そのため，関わり方も当然，異なるだろう。だが，保育者のその人らしさは，子どもの育ちや，子どもとの関係構築にも影響があることからも，保育者のその人らしさ（自分らしさ）を捉えていくことも必要である。

第4項　関係を基盤とした「関係から始まる」情動調整

繰り返しになるが，従来の情動調整研究は実験的研究が多く，実験によって子どもが情動調整するようになる，ならないなどということが明らかにされ，情動調整は個人内でするものだと捉えられている。そこでは，情動調整に至るまでのプロセスやその子どもの理解は捨象されている。だが本書では，子どもは，子ども同士や保育者との関係性の中で情動調整を育み，保育者も

日々，一人ひとりの子どもと関わり，向き合い，思いを受け止め，子どもとの関係を子どもと共に築き合いながら，子どもの情動調整を支えている。つまり，本書で明らかにした情動調整は，「関係基盤的な情動調整」である。そもそも，情動は人と人との関係の中で生じるものである。情動調整も，個人内で行うものではなく，関係を基盤として行うものであり，「関係から始まる」(Gergen, 2020) 情動調整と言えよう。

保育の場において，保育者は，子どもが，目の前で泣いたり怒ったりなどの情動を表出しているのを見ると，保育者は，「どうしたのかな」「何かあったかな」「ちょっと，そばに行ってみよう」と，その子どもに眼差しを向けるだろう。その保育者の眼差しを感じ，子どもも，保育者に，今抱いている情動を向ける。この時，保育者と子どもとのあいだに情動が双通し，そこから「関係から始まる」情動調整というものが生起する。関係歴史的情動調整もここから始まると言えよう。

だからこそ，保育者というのは，心を砕いて今，場に入っていき，子どもの情動を捉え，介入し，見守り（介入したり，関わったりはしないが，心は向ける）(上田ら，2017)，子ども自身の調整を支えていかなければならない。

第3節 本書の意義

かつて，情動は「理性を妨げるもの」であるとされてきたが，近年，情動は自他に対するシグナルであり，コミュニケーションを生み出すものとしての社会的機能をもつと考えられるようになってきている (Campos, 1989；山本，2019)。そのため，幼児教育，保育の場においても，年長児であれ，年少・年中児であれ，情動を表出することと調整することは，子どもの成長，発達において，両方とも必要不可欠なものであると捉える。

だからこそ，これまであまり研究されてこなかった年長児の情動調整を明らかにしたことは，年長児の情動調整を保育者がどう捉えていくのか，また，

どう関わっていくのかについて示唆を与えるものとなったのではないか。

　また，従来の研究では，情動調整は，個人が，調整できるのか，できないのかという個体発達論として着目されてきた。だが，情動調整は関係を基盤として行うものと捉えること，また，「関係から始まる」情動調整と捉えることは，結局0歳児であろうと，1歳児だろうと，年長児だろうと，関係から始まっているということになる。つまり，情動は相手がいて表出するものであり，調整も相手がいるから調整しようと思い，していくものである。このことは，これからの情動調整研究の一つの大きな方向性を本書で指し示したことであり，そこに意義がある。

第4節　本書の限界と今後の課題

　本書の限界と課題について述べる。
　第1に，本書では，ネガティブな情動が生起する場面として，トラブルやつまずき場面を取り上げてきた。しかし，幼児のネガティブな感情や情動は，トラブルやつまずきなどのみで生じるわけではない。だが，実際にネガティブな情動が表出するのは，トラブルやつまずきなどの場面が多く，また，ネガティブな情動も捉えやすいため，その他の場面での情動調整は捉え切れていない。だが，今後も継続的に，園生活での幼児同士の関わりを丁寧に見ていきながら，幼児のネガティブな情動はどのような場面で生じているのか，また，どのように情動を調整しているのかを捉えていくことで，トラブル場面など以外でも年長児がどのように情動調整をしているのかを明確にできると考える。
　第2に，本書では，幼児の表出する情動を主にネガティブなものを取り上げてきた。だが，情動にはポジティブなものもあり，調整することもある。これに関しては捉えていない。従来の情動調整に関する研究においても，ネガティブな情動に焦点を当てたものが多い。この背景として，特にネガティ

ブな情動は調整しなければならず，保育においても自分の気持ちを調整することが求められていることが考えられる。だが，本書での関与観察の中で，保育者が，子どもがネガティブな情動を表出している際に，笑わせたり，喜ばせたりすることが多々見られたため，ポジティブな情動も人と人との関係性に，何らかの影響を与えていることが考えられるため，ポジティブな情動の調整がどのように作用しているのかも検討する必要がある。

第3に，研究協力園において，関与観察をしている際，年少児，年中時に比べて年長児は，ネガティブな情動を表出することが少ないと感じた。従来の研究でも，年長児の情動調整に関する研究が少ない理由として，年長児は自律して自分で情動を調整するようになるということであった。だが，本書では，年長児が他者との関係性の中で情動調整を発達させ，なおかつ保育者に支えられながら情動調整をしていることを明らかにした。それでも，年長児の情動調整をしていることが少ないと感じているのは，本書が年長児のみを焦点にしていることが考えられる。そこで，今後は，0歳児から年長児までどのように情動調整をしているのかを発達的文脈に添って，捉え直していく。

以上の点が，本書の限界であり，また，今後の研究の課題である。これらの限界と課題を踏まえつつ，今後も子どもの情動調整を研究していく。

引 用 文 献

芦田祐佳（2019）ネガティブな情動を表出する4歳児への保育者の援助と思考判断―関与の程度が異なる3つの援助場面に着目して―．保育学研究．57（2）．29-42．

Biringen, Z., Emde, R. N., & Pipp-Siegel, S.（1997）Dyssynchrony, conflict, and resolution: Positive contributions to infant development. *American Journal of Orthopsychiatry*, 67, 4-19.

Bronson, M. B.（2000）*Self-regulation in early childhood: Nature and nurture*. New York: The Guilford Press.

Campos, J. J., & Barrett, K. C.（1985）*Toward a new understanding of emotions and their development*. In C. E. Izard, J. Kagan, & R. B. Zajonc（Eds.）, Emotions, cognition, and behavior（229-263）. Cambridge University Press.

Campos, J. J., Campos, R. G., & Barret, K. C.（1989）Emergent themes in the study of emotional development and emotion regulation. *Developmental Psychology*, 25, 394-402.

Cole, P. M.（2016）Emotion and the Development of Psychopathology. In *Cicchetti, D. ed., Developmental Psychopathology*, vol. 1: Theory and Method. 3rd ed. Wiley.

崔京姫・新井邦二郎（1998）ネガティブな感情表出の制御と友人関係の満足感および精神的健康との関係．教育心理学研究．46．432-441．

Emde, R. N., & Sorce, J. F.（1988）*The rewards of infancy: Emotional availability and maternal referencing*. In J. D. Call, E. Galenson, & R. L. Tyson（Eds.）, Frontiers of infant psychiatry: Vol. 2. 17-30.（乳児らの報酬：情緒応答性と母親参照機能．生田憲正（訳）小此木啓吾（監訳）乳児精神医学．岩崎学術出版社．25-47．）

遠藤利彦（1995）講座　生涯発達心理学2　人生への旅立ち　胎児・乳児・子ども前期．金子書房．129-162．

遠藤利彦（2013）「情の理」論　情動の合理性をめぐる心理学的考究．東京大学出版会．7-25．

遠藤利彦（2014）情動の合理性・非合理性．よくわかる情動発達．ミネルヴァ書房．

Fonagy, P.（2008）愛着理論と精神分析．遠藤利彦・北山修（監訳）誠信書房．175-213．（Fonagy, P.（2001）*Attachment Theory and Psychoanalysis*. New York:

Other Press.）

藤井真樹（2010）保育の場における関与観察者の存在の意味を探る―ある園児に投げかけられた言葉をめぐる考察から―．保育学研究．48（2），123-132．

Green, E. H.（1933）Friendships and Quarrels among Preschool Children. *Child Development,* 4, 237-252.

Gross, J. J.（2008）Emotion Regulation. In M. Lewis, J. M. Haviland-Jones, & L. F. Barrett（Eds.）, *Handbook of emotions*（3rd ed., 467-512）. New York: Guilford Press.

Gross, J. J.（2014）Emotion regulation: conceptual and empirical foundations. In J. J. Gross.（Ed.）, *Handbook of emotion regulation*（2nd ed., 3-20）. The Guilford Press.

Gross, J. J.（2016）Emotion Regulation: A Valuation Perspective. In Barrett, L. F., Lewis, M. & Haviland-Jones, J. M.（Eds.）, *Handbook of Emotions*（4th ed., 453-465）. New York: Guilford Press.

浜田寿美男（1993）発達心理学再考のための序説．ミネルヴァ書房．

浜田寿美男（2009）発達心理学の制度化と人間の固体化．発達心理学研究．2（1），20-28．

濱名潔・河口麻希・中坪史典（2017）いざこざを経験した子どもはなぜ再び友達と遊び始めたのか？―砂場で遊ぶ4歳児の事例分析―．幼年教育研究年報．39，53-60．

Hay, D. F.（1984）Social Conflict in Early Childhood. In *Annals of Child Development,* Vol. 1（ed. by Whitehurst, G.）, JAI, Greenwich, CT, 1-44.

Harrist, A. W., & Waugh, R. M.（2002）Dyadic synchrony: Its structure and function in children's development. *Developmental Review,* 22, 555-592.

久崎孝浩・大神英裕（2001）2歳児の自己意識的情動に関わる行動の個人差について．九州大学心理学研究．2，59-67．

本郷一夫（2001）保育の場における仲間関係を規定する要因：刑部論文によって刺激されるもの．発達心理学研究．12（1），60-62．

石野秀明（2003）関与観察者の多様な存在のありよう：保育の場での子どもの「育ち」を捉える可能性を探り当てる試み．発達心理学研究．14（1），51-63．

Izard, C. E., & Kobak, R. R.（1991）Emotions system functioning and emotion regulation. In J. Garber & K. A. Dodge（eds.）, *The Development of emotion regulation and dysregulation*（303-321）. Cambridge Univ. Press.

蒲谷槙介（2013）前言語期乳児のネガティブ情動表出に対する母親の調律的応答：母

親の内的作業モデルおよび乳児の気質との関連．発達心理学研究．24（4）．507-517．

金丸智美・無藤隆（2004）母子相互作用場面における2歳児の情動調整プロセスの個人差．発達心理学研究．15（2）．183-194．

金丸智美・無藤隆（2006）情動調整プロセスの個人差に関する2歳から3歳への発達的変化．発達心理学研究．17（3）．219-229．

金丸智美（2014）日立家庭教育研究所の実践活動の特徴と今後の子育て支援への期待．小平記念日立教育振興財団日立家庭教育研究所．家庭教育研究所紀要．36．85-95．

金丸智美（2014）情動調整（制御）の発達プロセス．遠藤利彦・石井佑可子・佐久間路子（編著）よくわかる情動発達．ミネルヴァ書房．80-89．

金丸智美（2017）乳幼児期における情動調整の発達．淑徳大学研究紀要．総合福祉学部・コミュニティ政策学部．51．51-66．

ケネス・J・ガーゲン（2020）鮫島輝美・東村知子（訳）関係からはじまる　社会構成主義がひらく人間観．ナカニシヤ出版．（Kenneth, J. Gergen（2009）*Relational Being: Beyond Self and Community*, First Edition. Oxford University Press, Inc.）

笠原広一（2015）映像表現ワークショップでの変容体験と相互浸透についての考察：感性的コミュニケーションによるエピソード記述を基にして．美術教育学：美術科教育学会誌　美術家教育学会．36．119-137．

柏木惠子（1988）幼児期における「自己」の発達―行動の自己制御機能を中心に．東京大学出版会．

勝浦眞仁（2016）"共にある"ことを目指す特別支援教育　関係論から発達障碍を問い直す．ナカニシヤ出版．147-201．

小林真（2003）幼稚園生活における子どものストレス対処行動：保育者の評定に基づく実態調査．富山大学教育学部紀要．57．167-174．

Kopp, C. P. (1982) Antecedents of self-regulation: A developmental perspective. *Developmental Psychology*, 18, 199-214.

Kopp, C. P. (1989) Regulation of distress and negative emotion: A developmental view. *Developmental Psychology*, 25, 343-354.

厚生労働省（2017）保育所保育指針．13-16．

子安増生・鈴木亜由美（2002）子どもの社会的問題解決能力と心の理論の発達．京都大学大学院教育学研究科紀要．48．63-83．

久保ゆかり（2005）幼児期における「けんか」についての認識の発達―ネガティブな感情のやりとりの理解．東洋大学社会学部紀要．42（2）. 61-80．

久保ゆかり（2010）幼児期における情動調整の発達―変化，個人差，および発達の現場を捉える―．心理学評論．53（1）. 6-19．

鯨岡峻（1997）原初的コミュニケーションの諸相．ミネルヴァ書房．

鯨岡峻（1998）両義性の発達心理学　養育・保育・障害児保育と原初的コミュニケーション．ミネルヴァ書房．191-269．

鯨岡峻・鯨岡和子（2004）よくわかる保育の心理学．ミネルヴァ書房．82-85．

鯨岡峻（2005）エピソード記述入門　実践と質的研究のために．東京大学出版会．

鯨岡峻（2006）ひとがひとをわかるということ　間主観性と相互主体性．ミネルヴァ書房．17-27, 81-99, 106．

鯨岡峻・鯨岡和子（2009）エピソード記述で保育を描く．ミネルヴァ書房．1-24．

鯨岡峻（2012）エピソード記述を読む．東京大学出版会．245-275．

鯨岡峻（2013）なぜエピソード記述なのか「接面」の心理学のために．東京大学出版会．23-24. 31. 52-69．

鯨岡峻（2014）「接面」の観点から発達障碍を再考する．発達．137. 42．

鯨岡峻（2016）関係の中で人は生きる―「接面」の人間学に向けて―．ミネルヴァ書房．73-180．

倉持清美（1992）幼稚園の中のものをめぐる子ども同士のいざこざ―いざこざで使用される方略と子ども同士の関係―．発達心理学研究．3. 1-8．

倉持清美・柴坂寿子（1999）クラス集団における子ども間の認識と仲間入り行動．心理学研究．70（4）. 301-309．

黒田寿美恵・船橋眞子・中垣和子（2017）看護学分野における『その人らしさ』の概念分析―Rodgersの概念分析法を用いて―．日本看護研究学会雑誌．40（2）. 141-150．

Lazarus, R. S., & Folkman, S.（1991）ストレスの心理学　認知的評価と対処の研究．本明寛・春木豊・織田正美（訳）．実務教育出版．269-289.（Lazarus, R. S., & Folkman, S.（1984）. *Stress, Appraisal, and Coping*. New York: Springer.）

町田奈緒士（2018）関係の中で立ち上がる性：トランスジェンダー者の性別違和についての関係論的検討．人間・環境学　京都大学大学院人間・環境学研究科．27. 17-33．

松原未季・本山方子（2019）幼稚園3歳児の対人葛藤場面における教師の援助．次世代教員養成センター研究紀要．5. 165-174．

松本佳代子（2019）保育者の保育観に関する研究動向．共立女子大学家政学部紀要．65. 143-154.

Mischel, W., & Ebbesen, E. B.（1970）Attention in delay gratification. *Journal of Personality and Social Psychology*, 16, 329-337.

水野里恵・本城秀次（1998）子どもの自己統制機能：乳幼児期と幼児期の気質との関連．発達心理学研究．9（2）．131-141.

文部科学省（2014）「情動の科学的解明と教育等への応用に関する調査研究協力者会議」審議まとめ　文部科学省ホームページ
http://www.mext.go.jp/b_menu/shingi/chousa/shotou/091-2/houkoku/__icsFiles/afieldfile/2014/09/25/1351074_01.pdf#search（2019年10月6日）

文部科学省（2017）幼稚園教育要領．フレーベル館．6-17.

森野美央（2012）乳幼児期における情動調整研究の動向と展望．比治山大学現代文化学部紀要．19. 107-116.

森下正康（2000）幼児期の自己制御機能の発達（1）思いやり，攻撃性，親子関係との関連．和歌山大学教育学部紀要．50. 9-24.

森田祥子（2004）乳幼児期の情動調整の発達に関する研究の概観と展望—保育の場を視野に入れた情動調整の発達の理解を目指して—．東京大学大学院教育学研究科紀要．44. 181-189.

本岡美保子（2019）保育者の間主観的把握による情動調整場面のエピソード記述の分析—乳児はわらべうたをどう感じ，いかに喜ぶのか—．中国四国教育学会　教育学研究ジャーナル．24. 1-11.

無藤隆（2019）精神病理の発達における情動の役割．無藤隆・森敏昭・遠藤由美・玉瀬耕治（編）新版心理学．有斐閣．506-513.

内閣府・文部科学省・厚生労働省（2018）幼保連携型認定こども園　教育・保育要領解説．フレーベル館．10-11.

長濱成未・高井直美（2011）物の取り合い場面における幼児の自己調整機能の発達．発達心理学研究．22（3）．251-260.

永野美咲・清水寿代（2016）子どもの自己調整機能・実行機能が社会的スキルに及ぼす影響．幼年教育研究年報．38. 43-50.

中澤潤・中澤小百合（2004）社会的行動と情緒制御の発達．日本教育心理学会総会発表論文集．46-31.

中澤潤・竹内由布子（2012）子どもにおけるネガティブ情動の表出制御と仲間関係．千葉大学教育学部研究紀要．60. 109-114.

中澤潤 (2019) 子どもの情動制御と仲間関係. 植草学園短期大学紀要. 20. 1-9.

野澤祥子 (2013) 歩行開始期の仲間同士における主張的やり取りの発達過程：保育所1歳児クラスにおける縦断的観察による検討. 発達心理学研究. 24 (2). 139-149.

及川智博 (2016) 幼児期における仲間関係に関する研究の動向：個体能力論と関係論の循環の先へ. 北海道大学大学院教育学研究院紀要. 126. 75-99.

小川真梨奈・水津幸恵・松井剛太 (2011) 5歳児のいざこざにおける第三者の利用に関する研究. 香川大学教育実践総合研究. 22. 51-58.

大倉得史 (2011)「語り合い」のアイデンティティー心理学. 京都大学学術出版会. 281-351.

Perner, J., Leekam, S. R., & Winner, H. (1987) Three-Year-olds' difficulty with false belief: The case for a conceptual deficit. *British Journal of Developmental Psychology,* 5, 125-137.

Ruff, H. A., & Rothbart, M. K. (1996) *Attention in early development: Themes and variations.* New York: Oxford University Press.

坂上裕子 (1996) 歩行期における情動の自己制御の発達に関する理論的考察. 東京大学大学院教育学研究科紀要. 36. 341-349.

坂上裕子 (1999) 歩行開始期における情動制御：問題解決場面における対処行動の発達. 発達心理学研究. 10. 99-109.

佐藤幸子 (2007) 情動　本郷一夫（編）発達心理学―保育・教育に活かす子どもの理解. 建帛社. 63-74.

サトウタツヤ (2015) 複線経路等至性アプローチ方法論的複合体としてのTEA. 安田裕子・滑田明暢・福田茉莉・サトウタツヤ（編）TEA実践編　複線経路等至性アプローチを活用する. 新曜社. 4-7.

柴山真琴 (2006) 子どもエスノグラフィー入門―技法の基礎から活用まで. 新曜社. 16.

Silvers, J. A., McRae, K., Gabrieli, J. D. E., Gross, J. J., Remy, K. A., & Ochsner, K. N. (2012) Age-related differences in emotional reactivity, regulation, and rejection sensitivity in adolescence. *Emotion*, 12, 1235-1247.

Sroufe, L. A. (1996) *Emotional development: The organization of emotional life in the early years.* Cambridge University Press. 172-190.

Stern, D. N. (1985) "*The Interpersonal World of the Infant*"（丸太俊彦（訳）1989 乳児の対人世界　理論編. 岩崎学術出版社. 162-187.）

須田治 (2009) はじめに　須田治（編）情動的な人間関係の問題への対応. 金子書房.

須田治（2017）情動の機能と関係性の発達　近藤清美・尾崎康子（編著）社会情動発達とその支援．ミネルヴァ書房．20-39．

水津幸恵・松本博雄（2015）子ども間のいざこざにおける保育者の介入行動―気持ちを和ませる介入行動に着目して―．保育学研究．53（3）．33-43．

鈴木亜由美・子安増生・安寧（2004）幼児期における他者の意図理解と社会的問題解決能力の発達―「心の理論」との関連から―．発達心理学研究．15．202-301．

鈴木亜由美（2005）幼児の対人場面における自己調整機能の発達：実験課題と仮想課題を用いた自己抑制行動と自己主張行動の検討．発達心理学研究．16（2）．193-202．

鈴木亜由美（2006）子どもの日常場面に見られる自己調整機能の発達―エピソードからの考察．京都大学大学院教育学研究科紀要．52．373-385．

鈴木亜由美（2008）幼児における他者のよくない意図の理解と道徳判断．広島修大論集　人文編．48（2）．357-369．

鈴木亜由美（2019）就学前児のネガティブ情動に対する調整方略の発達．健康科学．2（2）．69-81．

高濱裕子・無藤隆（1999）仲間との関係性と維持―幼稚園期3年間のいざこざの分析．日本家政学会誌．50（5）．465-474．

竹美咲・村山拓（2020）関係発達論に関する研究の動向．東京学芸大学紀要　総合教育科学系．71．275-284．

田中あかり（2013）幼児の自律的な情動の調整を助ける幼稚園教師の行動：幼稚園3歳児学年のつまずき場面に注目して．発達心理学研究．24（1）．42-54．

田中あかり（2014）子どもの自律的な情動調整の発達とそれを支える大人の行動の機能　首都大学東京．博士（心理学）．第96号．2014-09-18．

田中あかり（2015）幼児のつまずき場面における幼稚園教師の「敢えて関わらない行動」の働き―幼稚園3歳児学年と4歳児学年の発達的変化に応じて―．保育学研究．53（3）．284-295．

Thompson, R. A. (1990) Emotion and self-regulation. In R. A. Thompson (Ed.), *Socioemotional development.* Nebraska Symposium on Motivation: Vol. 36 (pp. 367-467). Lincoln, Nebraska: University of Nebraska Press.

Thompson, R. A. (1994) Emotion: A theme in search of definition. *Monographs of the Society for Research in Child Development,* 59, 25-52.

Thompson, R. A., & Meyer, S. (2007) Socialization of emotion regulation in the family. In Gross, J. J. (Ed.), *Handbook of Emotion Regulation* (249-268). New

York Guilford Press.

友定啓子・白石敏行・入江礼子・小原敏郎（2007）子ども同士のトラブルに保育者はどうかかわっているか―「トラブル場面」の保育的意義―．山口大学教育学部．研究論叢．第3部．芸術・体育・教育・心理．57. 287-299.

利根川彰博（2013）幼稚園4歳児クラスにおける自己調整能力の発達過程―担任としての1年間のエピソード記録からの検討―．保育学研究．51（1）．61-72.

塚田みちる（2009）乳幼児の自己調整の発達過程と親子関係の歴史―親の「こうしないで欲しい」を子どもが聞き入れるようになる課程―．風間書房．11-22.

塚田みちる（2014）実習における〈子ども―実習生との関係〉の検討―保育実習・教育実習での体験をエピソード記述で描く―．神戸女子大学論攷．59. 1-16.

筒井潤子（2018）現代社会における子どもの傷つきに関する一考察―理論的考察から臨床的考察へ―．都留文科大学研究紀要．87. 43-67.

上田敏丈・中坪史典・吉田貴子・土屋香葉子（2017）実践知としての保育者の「見守る」行為を解読する試み―当事者の形に着目して―．子ども学．5. 223-239.

内田伸子（1991）子どもは感情表出を制御できるか：幼児期における展示（display rule）の発達．日本教育心理学会．第33回総会発表論文集．109-110.

Vaughn, B. E., Kopp, C. B., Krakew, J. B., Johnson, K., & Schwartz, S. S. (1986). Process analyses of the behavior of very young children in delay task. *Developmental Psychology*, 22, 752-759.

山本愛子（1995）子どもの自己調整能力に関する発達的研究―子どもの対人葛藤場面における自己主張的解決方略について．教育心理学研究．43. 42-51.

山本信（2019）幼児期・児童期における情動表出の制御に関する発達研究の現状と課題．東北大学大学院教育学研究年報．67（2）．39-61.

付　記

　本書に収録した成果の一部は，下記の論文において発表した。なお，大幅に加筆修正しているものも含む。

〈論文発表〉
【第4章】
　勝野愛子（2019）"接面"の視点に基づく園生活での友達関係における5歳児の情動調整．保育学研究．57（2）．18-29．

【第6章】
　勝野愛子（2021）年長児の情動調整に対する保育者の捉え―保育者と幼児の関わり合いに着目して―．保育学研究．59（1）．69-80．

【第7章】
　勝野愛子（2025）双通する情動を基盤とした年長児と保育者の関係性に関する研究．同朋大学論叢．

謝　辞

　冒頭で述べたように，私が，幼稚園で保育者として子どもたちと共に過ごしていた時に，自分のネガティブな情動を友達や保育者に遠慮なくぶつける子どもがいました。そのたびに，自律して情動を調整することを求めたり，ため息交じりにその子どもの情動を何とか抑えていたりすることもあり，今，思うとその子どもの目に見える情動の裏側にある思いをもっと受け止めることができていればと，この論文の執筆が行き詰るたびに，ふと思い出しておりました。ですが，私の子ども時代は大泣き，怒り，悲しみなどの情動をこれみよがしに表出し，調整することは無縁のことであったように思います。このような私が，研究テーマとして情動調整に関心をもったことは，必然であったのかもしれません。

　私にとって，博士論文の執筆は，エベレスト級の最難関へのチャレンジでした。大学院に入学当初から，研究をどう進めていくか，進めていけるのか思い悩むこともあり，ゼミでの研究発表のたびに身の丈に合わないことをしているようにしか思えませんでした。

　このような不安を抱えながらも，5年間大学院に通い，「子どもの情動調整を接面の視点で捉えていく」というテーマに出会い，学位論文を書き上げるまで，多くの温かいご支援とご協力を賜りました。心より感謝申し上げます。

　まず，最初の研究のフィールドとして，1年間の関与観察を快諾してくださったA子ども園のB先生並びにC園長先生，職員の方々に心より感謝申し上げます。日々，保育でご多忙にもかかわらず，子どもたちの様子を丁寧に教えてくださり，また，子どもたちと日々，保育の営みを紡いでおられる先生方から，有意義な学びを頂きました。また，園を訪れる私に，子どもた

ちは，カブトムシとクワガタの戦いを見せてくれたり，おばけやしきに招待してくれたり，常にあたたかく包み込んでくれました。子どもたちから学ぶことも多く，実りある貴重な時間となりました。心から「ありがとう」と伝えたい思いです。

また，D幼稚園においても，1年間の関与観察を快くお引き受けいただき，子どもたちの情動調整について深めていくことができましたことを，E園長先生，主任のF先生，年長児担任のG先生，H先生，職員の皆様方に心より感謝申し上げます。特に，G先生に研究の相談に乗っていただきながら，子どもたちへの愛情あふれる保育での出来事を聞くことが，何よりの楽しみであり，私の研究に貴重なご示唆をいただきました。また，D幼稚園の子どもたちのキラキラと輝く笑顔に心が和み，毎週，園を訪れることが楽しみでした。皆様に，深く感謝いたします。

さらに，学位論文申請にあたり，副査をお引き受けいただきました名古屋市立大学の山田美香先生，桜花学園大学の勝浦眞仁先生には，予備審査や公開セミナー等で貴重なご意見を賜り，行き詰まりを感じている私に意義深いご示唆をいただきました。心より感謝いたします。

また，私が自信を無くすたびに支えてくださいました上田研究室の院生・研究員の皆様と共に貴重な時間を過ごせたことに，心から感謝しております。研究で行き詰っているときに，私の研究内容を聞きながら，貴重なご意見をいただき行き詰まりから解放してくださいました。

先述致しましたように，博士論文を執筆することは私にとって，最難関へのチャレンジでした。その道のりは平坦ではなく常に逃げ出したくなるような苦難が待ち受けておりました。逃げ出したくなるたびに，時には厳しく，時には温かく見守ってくださったのは，指導教官の上田敏丈先生でした。上田先生には，厳しいご指導をいただきましたが，その厳しさの中には必ず光があり，「もう少し頑張ろう」という前向きな気持ちになる不思議なものでした。上田先生は，私のつたない論文にも良さを見出してくださり，先生と

の出会いがなければ，ここまで来ることはなかったと思います。また，論文投稿では，残念な結果が出たとしても決してあきらめないこと，その結果をどう捉え直していくかの視点や方法と気持ちの切り替えをご教示頂きました。心より，御礼申し上げます。

　最期に，これまで支えてくれた家族に感謝いたします。常に明るく「だいじょうぶ，だいじょうぶ」と，励まし続けてくれた最愛の娘と，何があっても「それでいいんだ」と全てを肯定し支え続けてくれた夫と，「ぼちぼちいこう」と，しなやかに生きることの大切さを教えてくれた両親に，心から感謝しています。

　　2020年11月　　　　　　　　　　　　　　　勝　野　愛　子

あ と が き

　本書は 2021 年 3 月に名古屋市立大学大学院人間文化研究科に提出した学位論文「接面の視点に基づく年長児の情動調整に関する研究」をもとに，若干の修正・加筆をしたものです。

　本書の冒頭と謝辞でも触れていますが，私が情動調整に強い関心がある背景には，幼稚園教諭としての経験と，非常に情動的であった私自身の幼少時代があります。教諭時代は，子どもはなるべくネガティブな感情を抑えたり，調整したりすることが必要なのだと考えていることもありました。一方で，幼少期の私は，非常に情動的で，我慢や調整が無縁だったようにも思えます。

　一般的に，ネガティブな情動は人との良好な関係を維持しにくいとされていますし，ネガティブな情動を自身で律していくことが成長だとされてもいます。確かにそうでしょう。特に，ネガティブな情動（感情）については，現在もなお，否定的なイメージがいまだに根強いようにも思えます。

　子どものネガティブな情動（泣き，怒り，癇癪，悲しみなど）は，心の奥にある子どもの思いの結果起こっていることです。そうせざるを得ない，ネガティブな情動にこそ，子どもの本心を理解するヒントがあるのではないでしょうか。

　子どものネガティブな情動を判断する際に，判断する側にある価値観や信念が関係しています。例えば，泣いても怒ってもよい，という価値観や信念を持っている人は，子どものネガティブな情動を肯定的に受け止めるでしょう。一方で，子どももネガティブな情動を表出することはよいことではないという価値観や信念があると，制御することや表出しないことを強いることもあります。

　ところで，幼稚園教育要領解説等には，保育では愛情が必要だということ

が明記されています。もちろん，子どもに対して愛情を注ぐことは大切なことです。そもそも愛情（愛）とは一体何なのでしょうか。愛についての定義は様々ですが，アメリカの臨床心理学者のMスコット・ペック（1987）は著書の『愛と心理療法』で，愛について次のように定義しています。

> 愛とは自分自身あるいは他者の精神的成長を培うために，自己を拡げようとする意志である。

　解釈は多々ありますが，自分や他者の精神的成長のためには，自分のもつ価値観や信念の枠を拡大していくことが，自分や他者の精神的成長につながるのだとペックは伝えているように思えます。つまり，情動調整に関していうと，「情動は自分で我慢するものだ」「怒ってはいけない」「癇癪は起こしてはいけない」など，こうあるべきだ，○○してはいけないなどの価値観や信念を「思い切り泣いてもいい」「怒ってもいい」と考えられることが，子どもと自分自身の精神的成長に繋がっていくのだとペックは言っているように思えます。これが，私の情動調整に関する現在の関心事です。特に保育では，子どもを理解しようとする上でも，この愛の定義が子どものより深い内面理解につながるような気がします。
　本書では，子どもの情動調整を接面の視点に基づき，関係性に着目することで子ども同士の情動調整のあり様を描いてきましたが，根本には情動は調整しなければならないという考えがあったようにも思えます。これからの時代に必要なことは，子どもとの関わりの中で，いかに自分の杓子定規とも思える価値観や信念を拡げていけるかなのではないでしょうか。
　情動を調整していくことは，生きていくうえで欠かせないとはいえ，子どもの様々な情動をまず受け止めていくことが，何よりも大切なのだということを忘れず，今後も情動調整について研究を深めていければと思っています。
　最後になりましたが，多くの方に支えられ本書の出版が実現したことを深

く感謝申し上げます。

　本書は，2021年に申請した博士論文がもとになっております。これまで出版を望んでおりましたが，機会がなく約3年の月日を経てようやく出版の運びとなりました。

　勤務先である同朋大学の特定研究助成を頂き，福田琢学長はじめ，教職員の皆様にご尽力頂きましたことで，念願の出版となりました。心より感謝申し上げます。

　また，厳しい情勢の中で出版をご快諾いただいた風間書房代表・風間敬子氏には深く御礼申し上げます。

　　　2025年1月　　　　　　　　　　　　　　　勝　野　愛　子

略歴

勝野　愛子（かつの　あいこ）

同朋大学社会福祉学部社会福祉学科子ども学専攻　准教授

2021年　名古屋市立大学大学院人間文化研究科博士後期課程修了
博士（人間文化）
2022年より現職

著書

『家庭支援論・保育相談支援』（共著）
『コンパス　子ども理解―エピソードから考える理論と援助―』（共著）
『子どもと保護者に寄り添う　子ども家庭支援の心理学』（共著）
など

関係性に基づく幼児の情動調整

2025年3月31日　初版第1刷発行

著　者	勝野愛子	
発行者	風間敬子	

発行所　株式会社　風間書房

〒101-0051　東京都千代田区神田神保町1-34
電話 03（3291）5729　FAX 03（3291）5757
振替 00110-5-1853

印刷・製本　中央精版印刷

©2025　Aiko Katsuno　　　　　　　　　　NDC分類：376.1
ISBN978-4-7599-2538-8　　Printed in Japan

JCOPY〈出版者著作権管理機構　委託出版物〉
本書の無断複製は、著作権法上での例外を除き禁じられています。複製される場合は、そのつど事前に出版者著作権管理機構（電話 03-5244-5088、FAX 03-5244-5089、e-mail: info@jcopy.or.jp）の許諾を得て下さい。